Self–Management

Become the person you want to be

自我管理

成为自己想要成为的样子

黎雅 著

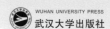

WUHAN UNIVERSITY PRESS

武汉大学出版社

图书在版编目(CIP)数据

自我管理：成为自己想要成为的样子 / 黎雅著 . -- 武
汉：武汉大学出版社，2024.9. -- ISBN 978-7-307-24489-4

Ⅰ. C912.1-49

中国国家版本馆 CIP 数据核字第 2024QZ0136 号

责任编辑:褚德勇　　责任校对:鄢春梅　　整体设计:韩闻锦

出版发行:**武汉大学出版社**　（430072　武昌　珞珈山）

（电子邮箱:cbs22@whu.edu.cn 网址:www.wdp.com.cn）

印刷:湖北恒泰印务有限公司

开本:787×1092　1/32　印张:6.375　　字数:136 千字　　插页:1

版次:2024 年 9 月第 1 版　　2024 年 9 月第 1 次印刷

ISBN 978-7-307-24489-4　　　定价:58.00 元

序

2022 年，笔者的第 6 本著作《思考+：6 种力量成就更好的自己》[1]正式出版。同年，亦是笔者退休之年。

回望 60 年来自己所走过的路，笔者感慨万千。当有人问及笔者，"是什么对你的人生起到了重要作用?"笔者会毫不犹豫地回答，是自我管理。

自我管理是一个人最宝贵的财富，它能使人们掌握时间和机会，追求自己的梦想。

自我管理，说起来容易，做起来却不容易。

其实，许多人并不是不想自我管理，而是在执行过程中还有很多个"不想"在作怪。

人们在工作和生活中经常出现的 5 个"不想"（及其背后的逻辑）：

1. 不想给自己太大压力：觉得顺其自然就行；

2. 不想主动采取行动：觉得很难坚持下去；

3. 不想受到束缚：觉得只有领导才需要管理自己；

4. 不想做出改变：觉得自己已经习惯了以往的做法；

5. 不想去碰难事和大事：觉得短平快的事更容易看到结果。

请看一下你是否有过这些"不想"（之一）吗？说实话，这5个"不想"，笔者之前都曾有过。

正是因为这些"不想"，从很大程度上阻碍了人们在自我管理的道路上前行，甚至导致人们不会采取任何行动。也正是因为这些"不想"，人们在经过了许多年甚至几十年之后才发现自己一直没有成就感，或者总在抱怨自己运气不佳、领导对你不好、生活对你不公等。

如果你有过"不想"，说明你已经找到自我管理的突破口了。

那么，该如何进行自我管理呢？请不要着急，我们需要首先搞清自我管理的内涵。

搞清内涵，是开始有效行动的关键一环。

自我管理是一个耳熟能详的词，就像"习惯""主动积极""明确目标"等词一样，无人不知，无人不晓。然而，大家对于其中内涵的理解会各不相同。

人们对内涵的理解不同，所采取的行动就会不同。例如，客户至上的内涵是什么呢？是客户需求、客户产品、客户问题，还是客户服务、客户关怀？只有明确了相关内涵，人们才会有明确的方向，知道下一步将向哪个方向发力，以及采取哪些相应的行动等。

只有明确内涵，人们才能知晓下一步要做些什么，不做什么。

习惯的内涵是什么呢？史蒂芬·柯维先生认为，习惯是知识、技巧和意愿三者的结合。要想养成习惯，必须要学习相关知识，掌握相关技巧，同时，也是至关重要的，就是要有意愿。没有意愿做某事，是无法养成做某事的习惯的。

只有搞清楚内涵，才能抓到事物的本质，开始的行动才能有的放矢，付出的行动才能得出结果。

如果搞不清楚内涵，在很大程度上，你就很难结合自身实际真正形成自己的想法，很难真正指导自己下一步的行动，甚至导致一直以来就没有开始过行动，或开始行动但很快半途而废。

经过几十年自我管理的研究和实践，笔者认为，自我管理共有7大内涵：自我期望、自我充实、自我约束、自我反思、自我调节、自我改变、自我完善。

本书将对自我管理的7大内涵及其开启模式一一展开。其中，自我期望的有效开启模式是成为有要求的自己；自我充实的有效开启模式是成为有内涵的自己；自我约束的有效开启模式是成为有特色的自己；自我反思的有效开启模式是成为有感悟的自己；自我调节的有效开启模式是成为有秘方的自己；自我改变的有效开启模式是成为有故事的自己；自我完善的有效开启模式是成为有境界的自己。

自我管理不是一蹴而就的，它需要一个过程。自我管理从自我期望开始，通过自我充实、自我约束、自我反思、自我调节、自我改变等行动，直至达到自我完善的境界，成为更好的自己，成为自己想要成为的样子。

本书写作特点之一，即在每章开始都有一个简单明了的自我测试表加导读指引，旨在帮助读者高效阅读，让读者根据自身实际快速找到自己感兴趣的部分进行阅读。

本书写作特点之二，即用了大量发生在笔者及身边的真实且贴近现实的例子，包括笔者自己、女儿、亲戚、朋友和同事的。

希望读者不只是关注例子本身，而是要注重从每个例子中尽可能地获得启示和感悟。

喜欢读书的人都知道，没有哪一本书的全部内容都是你想读的，或感兴趣的，哪怕一本书中只有一小部分内容或一个例子、一句话能真正触碰到你的内心，让你能结合自身实际举一反三，并不断思考与实践，这就足够了，就值了，说明这本书你没有白读。

笔者相信，《自我管理：成为自己想要成为的样子》可以给想要自我管理的人带来更多触碰内心的内容，带来更多贴近现实的方法，带来更多明了有效的指引，带来更多意想不到的效果。

本书适于想要自我成长、自我发展的人阅读，尤其适合那些即将迈入社会、初入职场，以及认为自己多年来在工作和生活没有成就感的人阅读。

自我管理有机会让你成为自己想要成为的样子。

现在，是时候开启全面的自我管理之旅了！

2024 年 4 月

目　　录

第1章

· · · · · · · · · · · · · · · ·

自我期望

——成为有要求的自己

自我期望是自我管理的前提。它更像是一个牵引器。

自我期望激发你的动力和意愿，促使你采取积极的行动并追求更好的结果。

你是一个有自我期望的人吗？请首先根据表1-1进行自测。

表1-1 　　　　　　　　　　　**自我期望自测表**

序号	自 我 期 望	是	否	导读
1	你拥有自己的期望			1.2
2	你愿意向别人表达期望			1.3
3	你会为自己的期望付出行动			1.4
4	你会根据自身实际情况调整期望值			1.5
5	你会为自己的目标制订行动计划			1.6
6	你有过实现自我期望的经历			1.7

请统计一下你回答"是"的条数。

如果你有0条，说明之前你是一个对自己没有什么期望的人；如果你有1~2条，说明在思想上你是对自己有所期望的人；如果你有 3~4 条，说明你是对自己有所期望且愿意为之付出行动的人；如果你有 5~6 条，说明你是一个有自我期望的人。

如果你有 1 条以上的"否"，建议你阅读其相应的章节，具体章节详见表 1-1 中对应的导读项。

1.1　自我期望与他人期望有本质区别

自我期望就是对未来的自己抱有的希望。他人期望是指他人寄予你的期望。

现实社会中，我们中的很多人习惯于生活在他人期望之中，例如父母望子成龙，老师盼望成才、长辈美好祝愿、领导寄予厚望等。笔者认识的 Z 就是这样的人。

Z 说自己在 29 岁之前，就没有自我期望。Z 所能做到的是她会将别人对自己的期望努力做好。例如，大学毕业参加工作两年后，Z 上了在职研究生，当时她只是想要个研究生文凭，因为那是 Z 的父亲对她的期望；读完研究生，Z 又经历了结婚、怀孕、生孩子，那是 Z 的家人对她的期望；生完孩子，又换了一份被认为是适合她的工作，那是 Z 的研究生导师对她的期望；Z 还经常组织和参加各种比赛，那是领导或团队对她的期望等。

然而，他人期望在很多时候很难实现。拿父母期望举例：父母期望孩子有份相对稳定的工作，但孩子却希望尝试各种不同的有挑战性的工作；父母期望孩子早点结婚生子，孩子则选择不婚或丁克。生活中这样的例子不胜枚举，这告诉我们一个道理：他人期望永远无法取代自我期望。

经过研究发现，自我期望和他人期望在能动性、持续性、行动性、可控性、符合性等方面都有显著不同。见表 1-2。

表 1-2　　　　　　　　　　自我期望与他人期望的区别

方面	自我期望	他人期望
能动性	内驱力（主动）	外驱力（被动）
持续性	长期	短期
行动性	会付诸行动	不付诸行动
可控性	可控	不可控
符合性	较高	较低

　　正是因为他人期望在能动性、持续性、行动性、可控性和符合性等方面有着本质的不同，这其实从某种程度上证明了为什么他人期望很难实现的原因。简言之，他人是不会完全站在你的角度思考和提出期望的。自我期望则不同，你需要从你自身实际出发提出期望。

　　自我期望包括 6 大环节：
　　（1）拥有期望；
　　（2）表达期望；
　　（3）适配期望；
　　（4）管理期望；
　　（5）坚持期望；
　　（6）实现期望。

1.2　拥有期望，迟早会成功

自我期望，无论大小，只要有就比没有好。

拥有期望，是自我期望的第一步，也是关键一步。拥有期望的目的是让自己获得内驱力，并由此获得不竭的源动力。

拥有期望是成为你想要成为的人的动力。

只要拥有期望，不管时间长短，迟早会取得成功。

拥有期望必须具备 5 个关键要素：能动性、持续性、行动性、可控性和符合性，即能够激发内驱力，愿意付出行动，愿意坚持下去，自己凭借着自己努力可以做到，且符合自身实际。

拥有期望，可以让人发奋努力，直至达到目标。俗话说，有志者事竟成。有志其实就是有自我期望。一个人如果有了自我期望，他们会"不待扬鞭自奋蹄"。记得上大学的时候，笔者的一个同学 R 是班里英语课代表，自认为英语不错，但从来没有想过之后要出国的事，对自己也没有什么期望。大学毕业几年后，班里有几个同学陆续出国，对 R 触动很大。在当时那个年代，有许多人把出国作为了自己追求的目标。例如，想出国的人，他们会不断学习外语、参加考试，尽管有的人经过了 2 年，有的人甚至经过了几年的准备，但"功夫不负有心人"，他们最终无一例外，都出国了。R 那时忽然意识到：只是学习成绩好是没有用的。学习好只是代表了你的学习能力，当你到了工作岗位，也不会有人追着问你上学时的成绩是多少、你是哪个学校毕业的。目标决定了一个人可以走多远。

拥有期望，无论什么时候都不晚。一个人如果不拥有期望，多少年过去了，回过头来会发现自己一事无成，无任何成果可言。当笔者意识到这一点时，是笔者第一次出国的时候，那时已经大学毕业 11 年了。记得 1995 年 11 月，笔者被 UNDP（联合国开发计划署）派到美国斯普林特国际公司（Sprint International）实习半年，机会实属难得。（借此机会，笔者想特别感谢一下给我创造此次机会的领导 LZF 和 RZF。）值得庆幸的是，从那时起，笔者开始有了自我期望，就是希望未来成为所在单位 Internet 学科带头人。正因为有了期望，半年中，笔者边实习边关注相关信息，积极参加 Internet World 和 Computer World 等相关会议，学习了大量新技术、新业务方面的知识，同时将一些了解到的最新情况利用业余时间将它们翻译整理出来，写成文章，及时传真回国内，并发表在国内的报刊和杂志上，在学术领域积累了大量的科研成果。

拥有期望，迟早会成功。有的人可能用一生，有的人可能用十年、二十年，有的人可能用几年，时间的长短取决于自我期望的大小。笔者曾经有机会跟踪并亲眼见证了 3 个孩子的成长：一个是从小学习大提琴的孩子 WWS，在高中时自我期望有朝一日能在北京的国家大剧院演出。7 年后，他成为了国家大剧院管弦乐团的大提琴手，每周都会在国家大剧院演出几场；一个大三开始学习会计专业的女生 MH，她的自我期望是想成为一名 CPA，2 年后，她如愿以偿；一个对 TOEFL 考试一无所知的初三学生 WMT，想出国发展，3 年后，英语单词量一路狂飙至 1.8 万个，TOEFL 考试成绩 113 分。2023 年，在异常激烈的竞争中，获得美国 5 所排名前 30 的学校的录取通知书。笔者在 38 岁时，自我期望是想出一本伴女儿成长的书，2012 年，笔者的第一本书《66348，女儿成长密码》[2]正式出版，历时整整 12 年。

拥有期望，让前进的脚步不停歇。一个女生的自我期望是自己的法语能够达到无障碍交流水平，以便有机会只身去法语国家旅游。于是，在繁忙的工作之余，还坚持每日自学法语，并形成了习惯。她在通过了 B-1 考试之后，又给自己提出更高期望，希望在不久的将来能够达到 B-2 水平。

只有拥有期望，才有机会获得内驱力，才有机会做你想做的事，才有机会让你的生活从此不同。笔者在退休时有了自我期望，想学之前没有时间学的东西，想做之前没有时间做的事。2 年之后，笔者有了自己的书法墨趣集，3 年之后有了自己的油画集。

1.3 表达期望， 给自己压力

你必须说出你的期望，否则你将永远得不到它们。

生活中，许多人尽管已经拥有期望，但他们不愿意将自己的期望表达出来，或公布于众，以至于让自己失去了快速成长和让他人见证自己成长的极好机会。

人们之所以不愿意将自我期望表达出来，主要基于以下2个原因：（1）还没有想得太清楚，或想法正处于只可意会不可言传的阶段；（2）不想让他人知道，怕给自己造成压力。

不愿意表达期望的人往往有"三怕"：怕被人嘲笑，怕失去面子，怕失去信任。

然而，对于一个已经认真思考后清楚知道自己想要什么的人，他们是不太会介意别人怎么看的，反而，他们会愿意通过让别人知道，因而获得一些压力，以得到更好的监督。同时，为了能说到做到，或做得更好，他们会把压力转化为动力，会在实现期望的道路上一路前行。

表达期望，让自己的目标更清晰。所表达的期望应该是让人一听就是凭借努力能够达到的、能够感知的期望，而不是听起来就很高远，如空中楼阁的期望。工作中，我们发现，人们很难将自己所要做的事情以及想要达成的目标用简单的话语表达清楚。当你试图表达的时候，其实是理清思路的过程，要么是自己理清，要么是经过别人的追问，甚至质问，让自己的思路更加清晰。M女士曾经在她刚上大学的时候向笔者表达她的自我期望，说长大后想做与酒店相关的工作。笔者问她，酒店相关的工作有很多，包括前台、营销、客房、餐饮、房地产、投资等，你到底是想做哪一个呢？经过几年的思考与摸索，M女士终于用一句话清楚表达了自我期望："我想做一名酒店投资分析师。"

表达期望，最好有人听到或自己将之记录下来。期望必须被记录下来，而不是只放在自己的脑子里，无人知晓。生活中，有些人从不表达自我期望，因此，无人知晓他们的所思所想。尽管有些人在实现了期望后说，这是几年前对自己的期望，但有谁会当真呢？当然，如果你拿出你之前的记录，也是一种方式。然而，说出来给人听的自我期望更能让人记忆深刻，且有冲击力，人们能马上想到他/她背后可能会进行的一系列付出。例如，想出国留学，需要积累英语单词、参加托福考试、筛选梦想学校、构思申请文书、确定最终学校等；想在3年内边工边读完成MBA课程，需要较强的时间管理能力和自身毅力等；想写一本书，需要积累素材、构思框架、充实内容、修改完善等；想5年内旅游20个国家，需要路线选择、时间安排和财务规划等；想拥有亲子酒店自主品牌，需要前期调研、合作伙伴选择、方案确定、品牌设计、商标注册、市场推广等。

笔者属于愿意表达期望之人。在构思一本书后，笔者会跟好朋友和家人表达自我期望，说明想出一本什么样的书，书名是什么，主要内容包括什么。一开始，大家也就是那么一听，然而几次下来，发现笔者的书都如愿写出来了，并且出版了。他们开始相信了，现如今，他们会说，你的下本书是什么，期待你的下一本书，等等。笔者把自己的期望说了出来，给了自己一定压力，觉得如果不把书写出来就会失去信誉和信任。这种压力，让笔者一直在路上前行，停不下来。渐渐地，笔者也形成了习惯。如果想做成什么事，就把它说出来。

表达期望，给人带来一定的压力，同时也带来动力。生活中，每个人都会意识到，"说出去的话，泼出去的水"，收不回来了。从此，所有知道你期望的人都成了你的见证人和监督人。因此，你说到就要做到。有个女生 Rae，她在大学刚毕业时表达了她的一个自我期望：周游世界，希望早日实现自己旅游国家的数量 ≥ 自己的年龄。之后，她在工作之余，几乎把所有假期都用在了旅游上。终于在她 32 岁那年，其旅游的国家数达到了 32 个，用了整整 10 年，这也成为了她人生的一个里程碑。她说她的下一个期望是 40 岁之前，旅游 60 个国家。

1.4 适配期望，让行动见成效

适配期望，就是努力找到可行的方法，开始行动，并让你的行动结果尽量符合和满足自己或他人的需求或期望。期望就是一种需求。适配期望就是满足需求。

需求决定一切。没有需求提出，就没有满足需求之说。

笔者曾经做过 14 年的供应链管理，深知需求管理的难度，了解他人的真正需求实属不易。事实告诉我们，了解自己的真正需求也是如此。

在亚伯拉罕·马斯洛《动机与人格》[3]一书中提到，了解自己的真正需求，这是一个罕见而高尚的境界，很少实现，而且通常需要极大的勇气和长期的奋斗。

其实，找到合适方法的过程就是适配的过程。适配的要素有三个：一是符合性，即让自己行动的结果符合他人或自己的期望；二是嵌入性，让自己的行动嵌入到他人或自我期望中；三是可控性，让自己的行动能够有效落地。

适配期望，让自己的行动符合自我期望。假设自我期望是满足他人愿望，你需要了解他人愿望是什么，那么，你在开始采取行动时就要尽量满足他人愿望。有一位朋友 L，准备在圣诞节前夕给远在美国的外孙女们送礼物，他当时的自我期望是符合孩子们的需要。L 曾经有机会与外孙女们朝夕相处了一段日子，他真正了解到了她们的一些需求和喜好，于是，L 提前两周开始在亚马逊上为她们精心挑选了衣服、玩具和食品等。圣诞节那天，L 的女儿将孩子们拆礼物的全过程记录了下来。视频里，当 L 看到孩子们的喜悦以及听到孩子们的尖叫声，"This is my favourite！（这正是我喜欢的！）"时，L 觉得自己选对了，之前所付出的精力没有白费，符合了 L 的期望。

适配期望，让自己的行动嵌入自我期望。生活中，当自我期望不是很清晰时，需要在付出行动的过程中不断了解需求、接近需求。假设你的自我期望就是满足他人的期望，然而他人的期望是什么，你并不十分了解。此时，需要在行动过程中让真正需求浮现出来或逐渐清晰。M 先生决定在他女儿搬入新家时，送一些家具或灯具。之前 M 问其女儿女婿想要什么，他们说："随便，什么都可以。"M 说："绝对不行。如果你们没想清楚，就先不买。"M 坚持一定要在他和女儿女婿共同喜欢或计划要买的东西上投入。例如，他们看上了一款客厅的吊灯，非常喜欢，在美国买很贵。于是，M 在国内京东国际平台上选好了他们中意的一款吊灯，联系好了可以配送的快运公司，赶上了送往美国的集装箱，两周后寄到，赶上了女儿搬新家。女儿女婿非常满意，这个吊灯也成为了女儿家的一大特色。M 也很开心，最重要的是，行动适配了大家共同的期望。

适配期望，为实现自我期望找到可行的路径或方法。我们知道，任何自我期望的实现，都需要自己付出行动，然而，如果所要付出的行动不受自己支配，或需要他人的配合或给予资源和机会，或无论怎么努力都不可能达到，那么，你就会失去行动的自主性和能动性，许多事情就会变得不可控。有这样一个案例：M女士，她的自我期望是想成为一个酒店投资分析师，然而，她学习的是会计专业。对于 M 女士而言，她为了自我期望（梦想）能够实现，用了几年的时间找到了实现梦想的方法，梦想最终得以实现。M 女士适配期望的关键一步，就是找到了路径和方法，即以会计身份进入房地产公司再进入酒店投资公司，然后寻找机会在公司内部转型。路径中的每个环节都在她的可控之中，如边工边读房地产专业研究生，参加酒店开发专业课程学习等。可以说，这是一个很好的适配期望的例子。

这说明，期望如果能得到适配，会达到意想不到的效果。

反之，如果期望不能得到适配，会事倍功半。

生活中，我们也确实能够感觉到，满足需求并不容易。如果你对需求不够了解，不能适配，结果甚至会适得其反。这种例子有很多。例如，生活中，我们时常会遇到自己、朋友、亲人送礼的情形。然而，送什么样的礼物才最好呢？送礼物并不是花钱越多越好，而是适合就好。如果礼物太多或太贵重会给人以压力，让人感觉不舒服。要满足对方的需要或符合对方的喜好，不是从自身角度觉得喜欢，别人就一定喜欢。有这样一个故事：笔者的一个朋友 W，在给其刚出生不久的孩子办满月酒时，他的一个远道而来的朋友来参加庆祝宴，并送来了一个标有"100"字样的纪念币，其他大多数人送来的是孩子的衣服和玩具等。因为当时比较忙乱，W 也没太注意，之后也记不清纪念币放在哪里了。因为W 是一个从来不愿欠别人人情的人，于是，当节日来临时，他为了还这份人情，给对方寄去了 200 美元的购物卡。W 原本以为自己以更高的价值还了回去。然而，让 W 没有想到的是，过了一段时间，他偶然从别人那里听到，他的朋友当时送给他的纪念币是一个具有投资价值的东西，当时的价值已经超过了 1000 美元。W 说，这令他很是尴尬，因为他从来不投资，更不知道纪念币的价值，据说价值每天都在变。W 说："在这种情况下我该如何回礼呢?"从 W 的朋友的角度看，此次送礼没有达到预期的效果。

适配期望是一个过程，会随着时间的变化而调整，也会随着自己的能力不断提升而改变。

1.5　管理期望，降低期望值

管理期望有两个要点：一是当期望可控时，做最好的努力；二是当期望不可控时，做最坏的打算。

管理期望，可控时，做最好的努力。只要凭借自己的力量和能力能够做到的事，就要努力去做，并努力做好，不留任何遗憾。M 女士为实现自我期望，找到了一条符合自己实际的路径，也就是说，她所做出的每一步她认为都是可控的，是能凭借自身努力达到的，至于最后一步，在公司内部是否能够转型成功，她也是毛遂自荐、自我争取的。她说，直到她提交了申请之后，她认为她已经做了最大的努力。是否能够成功就交给领导了，那已经不是她可控的了。

管理期望，不可控时，做最坏的打算。假设你的自我期望是希望别人给予，或靠别人你才能实现自己的期望，那么，你最好降低期望值，因为别人没有义务帮助你，能够给你提供帮助的都是你的贵人。在生活中，不要把自我期望寄托在别人身上。工作中，有些人的自我期望是几年之内升职。你可以做出最好的努力，但同时必须降低期望值，因为一个人是否升职绝对不是自己说了算，需要由许多条件或环境决定。你只需要做好自己就行了，接下来降低期望值，即想象自己不会被升职，如果升职了，你会很开心，如果没有升职，也是在你意料之中。反之，如果你认为就

15

该升职却没有得到升职，你就会觉得很沮丧，觉得不公平，觉得委屈，从此失去了前进的动力，甚至一蹶不振。

管理期望，需要制定贴近实际的、具体的、可行的目标，目标绝对不是拍脑袋想出来的。生活中，许多人往往会把目标制定得太高、太大，甚至很宏伟，没有结合自身实际，也没有阶段性目标，导致不可行，或让人听起来就不可能落地，因此期望总是无法实现。应该说，管理期望是自我期望是否可以实现的关键环节。笔者曾经在 2020 年制定了一个自我期望：2021 年 5 月 1 日那天，在自己唱吧上的上榜歌曲达到 501 首，这是根据当时自己的实际情况推算出来的。结果那天，笔者真的如愿以偿。同时，笔者还在朋友圈发布了第 501 首上榜歌曲——《约定》作为纪念。

1.6 坚持期望，从自己想做
且可持续的事做起

很多人都有自我期望，然而，却少有人能坚持下来。在笔者看来，人们之所以没有坚持自我期望，表面上看，他们可能是缺少坚持期望的勇气和毅力，而实际上，没有坚持期望有两种可能性：（1）所做的事本身就不是他们自己想做的；（2）所做的事本身就是不可持续的。

可能性1：自我期望并不是自己内心想做的事。他们总会找出各种借口不开始行动，或说"等我有时间了，我会……"等。生活中，我们会碰到这样的事。记得上小学时，笔者画画不好，很羡慕画画好的同学，当时笔者就想，等有时间了，一定要好好学学画画。但因为当时画画并不是自己真正想做的，因此并没有开始任何行动。因此，这个愿望一放就是40多年，直到55岁时笔者才真正开始重启这个愿望。

可能性2：自我期望要做的事本身就是不可持续的，或只是阶段性的。有些要做的事是"过了这个村就没这个店了"，或不合时宜了，或不再有机会了，总之，不可能再从头来过。因此，搞清楚所做的事本身是否可持续至关重要。在笔者写了几本书后，有许多人问起，你是如何做到的，怎么坚持下来的。这是因为笔者对自己的最大期望是做一个有传承的人。笔者结合自身实际可以做的具体的、可行的事主要有两件：写书和做讲师。这两件事是笔者既想做又可以持续做的。

笔者很认同《认知觉醒：开启自我改变的原动力》[4]一书中说的两句话，"没有一步登天的成功，只有数十年如一日的坚持"，"最长久的坚持，源于热爱。"

坚持期望的前提是所做的事必须是自己想做且可持续做的事。自身没有想清楚的期望是很难坚持下来的。如果事情本身就是不可持续的，谈坚持也是无用的。

坚持期望，想做是前提。笔者在56岁那年总结出了一个人生选择五法则：想做、可控、持续、有益、传承。其中，将"想做"放在第1位。当笔者发现写书法是自己喜欢做的事时，一发不可收拾，我会自觉每日练习，且会随着心情和场景尽情发挥，也不会厌倦。顺便说一句，笔者的人生选择五法则已经帮助过很多人，尤其是那些正处于困惑期的年轻人。此法则既简单又奏效，能帮你快速高效地进行人生选择和抉择。

坚持期望，养成习惯是关键。能够养成习惯的事往往是可控和可持续的事。只有做可控和可持续的事才会有助于养成习惯。习惯一旦养成，就会坚持下去。进一步讲，容易坚持下去的事往往是自己每天都可以做的事。例如：阅读、听音乐、唱歌、书法、画画、走路、学语言、做数独等。然而，有的人的自我期望是想通过锻炼来强身健体，所采取的方式是去健身房健身，由于时间不可控，还需要不断投入资金，因此很难持续。还有的人喜欢爬山、踢足球、打篮球、滑雪等，然而，你不可能每天都去，更何况像踢足球和打篮球还需要更多的人参与，让事情变得更加不可控。到了老年，这些事都做不了了。有许多女生的自我期望是通过美容来获得美丽的容颜，因此，经常去美容院美容。这也是不可持续的，因为你不可能每天去美容院，而容颜需要每日呵护。很多经验都是来源于生活的日常积累。

1.7 实现期望，尽享成果带来的喜悦

实现期望是自我期望的最高境界。实现自我期望需要两个关键要素：时间和行动。经过几年甚至十年以上时间实现的期望往往更具价值，更能享受其带来的喜悦和成果。

实现期望，让自己变得更加自信、自强。笔者曾经在 57 岁那年开启了临摹大师油画的愿望，希望用 3 年时间完成 50 幅大师油画临摹作品。3 年后愿望得以实现，笔者心里充满了喜悦感，并有了实现更多期望的勇气和信心。

实现期望，让人不断涌现新期望，无论大小，无论多少。许多人会在自己实现了自我期望后，又萌生出新的期望，例如：笔者又萌生了学习弹钢琴的想法，旨在让自己多多动脑，避免老年痴呆等；M 女士又萌生了新的期望，包括学习荷兰语、心理学和做教练，以及自己开办公司等。

实现期望，让人有一种自豪感。笔者的自我期望之一是在家人和他人需要的时候提供尽可能多的帮助。2022 年 3 月，在新冠疫情期间，女儿家的公公病危，女婿需要马上前去探望，女儿一个人忙不过来，两个外孙女急需有人前往帮助照看。当时机票价格已经是之前的 10 倍以上，笔者毅然决然，在一天之内办妥了所有手续，出发去帮助女儿渡过难关。回程时又经历了飞机无票、熔断、严苛的核酸检测、隔离等。笔者还将回国前后的经历写了

出来,曾经帮助到过有需要的人。只要能在别人最需要的时候伸出援助之手,就会让人感到无比欣慰。

1.8 结语：只要心中有期望，行动就会有方向，未来就会有指望

自我管理从自我期望开始，没有自我期望就谈不上自我管理。

期望是希望的种子。只要你有期望，你就能找到前进的方向，为自己创造一个充满指望的未来。

自我期望或多或少，或大或小。

如果没有自我期望，生活就会缺少源动力，人们就很容易选择躺平，就很难有所进步，更谈不上快速成长。

拥有自我期望，并能勇敢表达出来，在行动中不断适配、不断管理、不断坚持、不断实现，会让你变得更加自信、更加有力量。

自我期望亦是一种自我追求。一个没有自我追求或放弃自我追求的人，将一事无成，经常会后悔莫及。

一个充满自我期望的人，会让自己的脚步永不停歇。不断拥有自我期望，将来才可能成就大事。

自我期望的水平决定你未来的成就。自我期望从拥有期望开始，通过表达期望、适配期望、管理期望、坚持期望等一系列行动，不断实现期望。自我期望能让你的生活更加丰富多彩、更加有奔头。

如果你之前没有自我期望，那就从现在开始拥有吧！

自我期望，能让你一路狂飙！

第2章

· · · · · · · · · · · · · · · · · · ·

自我充实

——成为有内涵的自己

自我充实是自我管理的有效手段之一。它更像是一个支撑器。

只有不断地追求知识和经验，我们才能成为有内涵的人。真正的内涵来自于个人的成长和自我充实。

你是一个会自我充实的人吗？请首先根据表2-1进行自测。

表2-1 　　　　　　　　　自我充实自测题

序号	自 我 充 实	是	否	导读
1	你做每日计划			2.3.1
2	你会每日学习			2.3.2
3	你做每日记录			2.3.3
4	你会每日感悟			2.3.4
5	你做每日运动			2.3.5
6	你会每日成事			2.3.6

注：每周有5天以上做到时，可称为每日。

请统计一下你回答"是"的条数。

如果你有1~2条，说明你是有自我充实意识的人；如果你有3~4条，说明你是懂得自我充实并已经采取行动的人；如果你有

5~6 条，说明你已经是一个实现自我充实的人。

如果你有 0 条，请从 2.1 开始依次阅读。

如果你有 6 条，你可以不看 2.3，直接跳到 2.4，了解高效的自我充实需要做好哪 5 件事。

如果你有 1 条以上的"否"，建议你阅读其相应的章节，具体章节详见表 2-1 中对应的导读项。

自我充实绝不是漫无目的地充实自己，而是要有的放矢。

自我充实的人往往不需要别人逼着做事情，而是会针对自己的实际情况主动找事情做，其所做的事情也都是有章可循的，不是乱来的。他们往往都有较好的做事方法和习惯。

有不少人会说，我每天已经很忙了，哪里还有时间再主动充实自己。有些人会认为自己所忙的事就是在充实自己。

如果所做的事情是你自己主动要求做的，你可以说是为了充实自己，相反，如果事情都是别人给的，或者说是被动接受的，那么，充实的效果会大打折扣。

懂得自我充实的人往往具有5个显著特征：

（1）认知性。有较好的自知之明，可以做到扬长避短；

（2）主动性。知道自己该做什么，并能积极主动去做；

（3）计划性。懂得充分利用时间，努力提升时间效率；

（4）原则性。清楚自己看重什么，有自己的做事原则；

（5）目标性。知晓自己想要得到的结果，且目标明确。

一个自我充实的人通常会怎样做呢？

2.1　懂得强化长板

真正的力量来自发挥自己的长项，而不是弥补自己的短处。成功并不是克服弱点，而是通过发展和强化你的长项来实现目标。

自我充实的人往往懂得根据自己的需要有意识地充实自己，而不是漫无目的地充实自己。他们往往会：

强化长板，发挥之。他们懂得充分利用自身现有优势，并能将其发挥到极致。如果你自己所做的工作都是自己所擅长的，那么，你要尽量利用自身优势，这样才能有机会让自己的工作做得更出色。例如，如果你擅长写作，你可以考虑做综合管理、战略咨询等工作；如果你擅长演讲，你可以考虑做市场推广、咨询、讲师等工作；如果你擅长创新，你可以考虑做开拓类的工作；如果你擅长沟通，你可以考虑做客户服务等工作；如果你喜欢接受新事物，你可以考虑尝试不同类型的工作，让自己能有更多的发展机会。只有充分发挥自身优势，才有机会快人一步。

强化长板，凸显之。他们懂得通过长时间的历练让现有优势成为自身凸显的差异化优势，让自己与众不同，能够在激烈的竞争中立于不败之地，或具有不可替代性。例如，如果你擅长某个方面，通过不断自我充实，你可以努力成为这个方面的专家或领军人物；如果你一直从事某事，努力让自己所从事的事情有可感知的成果输出；如果你喜欢做某事，想办法让此事成为自己生活

或工作中的一部分，并能有所收益。有一位领导，他的长项是善
于学以致用，能将学到的理论，通过不断思考与实践，努力应用
于工作和生活中，这也成为他的一个特色，并且很快被大家所认
知。只有让自己的优势凸显，才能有机会获得更多机会。

2.2　坦然应对短板

众所周知，人无完人。每个人都有自己的优缺点。自我充实的人，他们在进行选择时，往往更懂得扬长避短，一方面不会硬着头皮去做自己不擅长的事，另一方面当自己的缺点绕不过去时，他们会尽可能地避免做自己不擅长的事，让自己的劣势不凸显出来，或者，他们会有意识地将自己的劣势想办法转化成优势，或乘机拓展自己其他方面的能力或优势。

如果你硬着头皮去做你不擅长的事，将会产生 3 个后果：

（1）给人留下你的能力不行的印象，这很有可能会影响你之后的发展机会；

（2）让人觉得你自我认知不够，这很有可能让你失去别人对你的信任；

（3）不及时表达自己的观点，这很有可能让人认为你做事缺少主见、勇气和做事原则。

反之，如果你可以避免自己短板，同时还可以出色完成任务，那么，你可能会获得 3 个评价：

（1）敢于开拓和创新；

（2）有较好的自我认知；

（3）原则性较强。

工作中，我们经常看到，有许多人一直在做着其实他们自己并不擅长的事，经常有"赶鸭子上架"之势，然而，他们自己并不自知，导致多少年下来，他们总觉得自己进步不如他人快。生活中也是一样，尤其在亲子教育方面，我们经常看到这样的例子：有的家长不管自己的孩子是否适合做某件事，都会执意让孩子去做。例如，有的家长看到别人家的孩子学乐器或学唱歌，也让自己的孩子去学。过了一段时间发现，别人的孩子进步很快，而自己的孩子止步不前。然而，他们全然不知其背后的原因可能是由于所做的事本身就不适合孩子的发展，一意孤行，费时、费力又费钱，且效果极差，重要的是还伤了孩子的自尊心和自信心。

笔者想借此机会阐述一个观点：家长在孩子成长过程中的最大责任也是最大贡献其实是帮助孩子发现和挖掘出其擅长的方面，并给予相应支持，让孩子尽早树立起自信心。

我的一个朋友，他发现自己的孩子唱歌跑调，于是，决定不再强迫自己的孩子学习与音乐相关的东西，而是去发现孩子在其他方面的强项。很快，他发现自己孩子很喜欢游泳，且很有天赋，在很短的时间里学会了4种泳姿。游泳给他的孩子带来了很大的自信。经过一番培训，他的孩子成为体校游泳队的成员，还经常参加比赛，并获得一系列奖项。从此，孩子对自己有了很强的自信心。

在日常工作和生活中，我们该如何面对自己的短板呢？在笔者看来，可以采取以下方式。

面对短板，克服之。

克服短板的 2 个较快捷的方法：

（1）结合自己的实际情况，找一个适合自己并能满足期望的方法；

（2）结合自己想达到的目标，找一条可以达到目标的新路径。

笔者知道自己的记忆力不是太好，因此，寻求其他方式弥补它，即把发生的事情和感悟都及时用手机备忘录或笔记本记录下来。令人没想到的是，记录的这些东西反倒成为了我图书写作中宝贵而真实的素材。

笔者知道自己不擅长写长篇著作，我就尽量在逻辑思维和结构化上下功夫，尽量让自己写出的东西条理清晰，让读者觉得干货满满、接地气。笔者的写作风格也逐渐被大家所接受，反倒成为自己的一个优势。

面对短板，补足之。如果你的短板阻碍了你的发展，甚至直接影响了你的目标实现，那么，你就要尽可能地弥补它，不能视而不见。例如，如果你的梦想是当一名建筑师，然而你画画不行，那么，无论如何你要想办法尽早提升你的绘画技艺，否则，你只好放弃自己的梦想，导致因小失大；如果你的梦想是出国留学或环游世界，但你之前对外语很不感兴趣或学的不好，无疑，你需要努力学好外语，至少要在提升单词量上下工夫，否则，你的梦想就变成了空想。

有一个男孩 T，在上初二时初次接触托福考试，首考分数 92

分，然而他的梦想是上美国常青藤学校，分数必须在110分以上才有可能。他意识到，自己的单词量可能是阻碍自己听说读写成绩提升的主要原因。于是，他开始花大力气在单词量储备上下工夫，每日坚持背诵新单词。3年下来，他的英语词汇量已经达到1.8万个，他的托福成绩达到了113分，最终被美国康奈尔大学录取，实现了上藤校的梦想。

有一个女孩R，在上初一时，800米长跑不及格，体育成绩无法达标。因此，她坚持每天早上带着沙袋练习跑步，坚持半年之久，最后，她拿到了年级800米跑步比赛第一名，当时被传为佳话。这也成为了她之后申请出国留学文书中的重要事迹。这个事迹展示了这个女孩克服困难的勇气、信心以及坚持不懈的毅力等优秀品质。事实胜于雄辩，说的再多，不如做出一件补足短板、后来居上的事。

面对短板，无论是克服之，还是补足之，都需要有自我充实作为基础。自我充实的关键是每日更新。

2.3 每日更新，积蓄生命能量

我几乎每次讲课都会提到柯维先生说过的一句话："不断更新的深层含义在于日复一日地循序渐进。持之以恒的进步通常较任何一次突变来得更有效。"

自我充实的核心是不断更新。不断更新的最好结果是养成习惯。养成习惯的最有效方式是坚持每日更新。

每日更新是一种每日的不断积累。让自己有机会每日前进一小步，每月前进一大步，每年上一个新台阶。

> 每日更新包括 6 个方面内容：
>
> （1）每日计划；
>
> （2）每日学习；
>
> （3）每日记录；
>
> （4）每日感悟；
>
> （5）每日运动；
>
> （6）每日成事。

无论你做其中哪一项都可以，你可以依据检查表每天进行自查。见表 2-2。

表 2-2 **每日更新自查表**

每日更新	周一	周二	周三	周四	周五	周六	周日
每日计划							
每日学习							
每日记录							
每日感悟							
每日锻炼							
每日成事							

2.3.1 每日计划，提升效能

要想每日过得充实，你需要制定每日计划。

每日计划的目的是让时间尽在掌控之中。每日计划的关键是要抓住时间，如果你没有抓住时间，时间将稍纵即逝。

抓住时间的关键就是制定每日计划。抓住时间的重要一环就是做好每日计划。

在制定每日计划之前，我们可以借鉴德鲁克先生的做法，即每天清晨 6 问：

（1）我今天的目标是什么？

（2）今天我如何安排自己的时间？

（3）今天我最重要的 3 件事是什么？

（4）今天我准备学习哪些新东西？

（5）今天我准备在哪些方面有点进步？

（6）今天我如何让自己活得更健康、更开心？

假设，你早上 6：30 起床，晚上 10：30 睡觉。笔者将每日的时间分成了 3 个黄金 3 小时（H1、H2、H3）和 4 个碎片化时间段（S1、S2、S3、S4）。

如果我们把一天的时间都列出来，各时段所占的时间分配见表 2-3：

表 2-3　　　　　　　　　　　　**时间分配表**

序号	时段	时 间 区 间	准备做的事
1	S1	6：30am—9：00am	
2	H1	9：00am—12：00pm	
3	S2	12：00pm—2：00pm	
4	H2	2：00pm—5：00pm	
5	S3	5：00pm—7：00pm	
6	H3	7：00pm—10：00pm	
7	S4	10：00pm—10：30pm	

充分利用黄金 3 小时，做与目标相关的事。每日 3 个黄金 3 小时必须用来做一些大事，主要包括以下 2 个大的方面的事：

（1）做与工作目标相关的事。这里指与公司战略和目标相一致的事，主要包括那些重要而又紧急的事，是会对公司、部门等产生重大影响的事。

（2）做与人生目标相关的事。这里指与你个人梦想或阶段性目标相一致的事，是会对你个人产生重大影响的事。

安排好 4 个碎片化时间段，做与日常以及身心相关的事。在日常工作和生活中，人人都会有一些琐事，它们需要较短的时间就能完成。这些琐事尽管小，但也需要被安排。然而，每个人的时间和精力是有限的，要想高效率地利用时间，我们必须在充分利用了 3 个黄金 3 小时之后，再考虑如何让碎片化时间实现有效利用。将可以短时间内完成的事项进行细分，可以分为以下 4 种：

（1）与工作日常相关的事。工作中，日常的事务有很多，如打电话、处理邮件、列计划、工作布置、准备事项等，它们需要较少的时间就能完成。时间一般在 1~30 分钟即可。

（2）与生活日常相关的事。生活中，日常的事务比较繁琐，但处理起来需要的时间也不是太长，如去银行、逛商场、买菜、做饭、收拾、网上购物、叫外卖等。时间一般在 5~30 分钟，最多 1 小时。

（3）与身心健康相关的事。身体是革命的本钱。无论多忙，我们每日要尽量安排与身体健康相关的事，如休息、走路、瑜伽、跳舞、唱歌、听音乐等，时间通常在 30 分钟~1 小时即可。

（4）与自身修养相关的事。每日可以通过看书、听书、自学、思考等，学习一些新的知识和理论，让自己不断提升，充满正能量。时间一般在 10 分钟~1 小时即可。

让笔者感触最深的是，因为制订了每日计划，我得以在中年时期做了很多自己想做的事，并且取得了很多成果，顺利完成了很多与笔者人生目标相关的事。例如拿到了博士学位、出版了 6

本书，翻译了 2 本译著，发布了 600 多条音频，录制了 700 多首歌曲等。

2.3.2　每日学习，积累新知

自我充实是一种无穷的力量，每一天都是获取知识的机会。

每日学习是自我充实、给予自己力量的最好方式。

养成不断学习的习惯需要坚持每日学习。

在时间和精力有限的情况下，每日学习的内容应该是有意义的且是可以赋能的知识。这些知识主要包括与工作、个人成长、兴趣爱好等相关的知识。

要想充分利用好有限的时间和精力，还需要对学习的内容给予界定或划分。

每日学习的内容应具备以下 5 个特点：

正能量的。充满正能量的东西是指那些能催人奋进、激励人前行的东西，例如，名人名言、格言警句、励志故事、名人传记等。负能量的东西往往会给人带来意志消沉。有许多人会因此不能自拔，甚至总也走不出困境。因此，每日学习的最好方式是尽量避免学习负能量的东西。

经典的。经典的就是永恒的。经典的东西之所以成为经典，是因为它们经过了时间的沉淀和实践的验证，因此，它们是值得学习和了解的。例如世界著名的著作、经久不衰的理论等。对经典的东西的学习不要指望只学习一次，而是需要不断学习和慢慢品味的。每日学习经典的东西还会给你的认知带来不断提升。

与目标相关的。我们都知道，学习是无止境的，但这不意味着学习是漫无目的的。既然时间和精力有限，我们为什么不利用有限的时间和精力学习一些与自身工作和生活目标相关的东西呢？如果你能在平时的空暇时间不断学习与你自身目标相关的东西，那么，你就会更快地向目标迈进。

与时俱进的。不断学习与时俱进的东西可以让人保持与时代同步、不落伍。其实，我们生活在社会中，与时俱进的东西有很多，那么，你该如何选择呢？在我看来，与时俱进的东西应该是具有时代特色的东西，例如当代最有影响的人和事、最新发展趋势或潮流、最流行的音乐、最流行的词语、最先进的技术和业务、反响较好的电影和电视剧等。现如今，与时俱进的东西通常可以通过电视和互联网媒体获得。

感兴趣的且对未来发展有帮助的。每日学习的关键是要坚持。人们往往会持续关注自己感兴趣的东西，但绝不是指小说、游戏或消遣等仅对当下起作用的东西。因此，明确自己的兴趣爱好很重要。也就是说，如果你平时工作很忙，没有太多时间学习别的东西，那么，学习一些自己感兴趣的东西是不错的选择。因为只有你感兴趣了，你才会坚持下来。

近些年来，经常有人会问笔者，你都这么大岁数了，还学习呢，累不累呀，笔者都会坦然一笑。可以说，从小到大，笔者一直保持着进取心，从来没有改变过。也正是这颗进取心，一直促使着笔者不断学习、每日学习，并且笔者已经把每日学习作为了自己的习惯。

2.3.3　每日记录，强化记忆

记录是对内心成长的见证。

每日记录是指记录每天实际发生的事，力求实事求是，不需作出任何评价。坚持做事留痕。

在工作和生活中，每个人都会经历许多事情，尤其会遇到一些重大事情。然而，过了一段时间后，当有人再问起这些事情时，我们发现，每个人的表现是不相同的。

关于记忆，人们通常会有以下 3 种表现：

（1）有些人对过去发生的事情全都记不住了。当问起他们一些细节时，他们会一问三不知，或说出来的话前后矛盾、不知所云等；

（2）有些人只记住了结果，却记不住过程。过程包括经历过什么、依据什么做的决定、是谁做的决定、以什么样的形式做的决定等。当问起他们一些细节时，他们已经记不清了，只能靠拼命回忆的方式来回想当时发生的事，这些回忆有可能是支离破碎的，也可能是不准确的；

（3）有些人能记住大部分东西。当问起他们一些细节时，他们能较快地给予回应，但是对某些细节有可能记不起来了。

我们说，一个人记忆力再好也不可能记住所有细节。

俗话说得好，"好记性不如烂笔头。"因此，最有效的记住细节的方式就是记录。

每日记录是自我充实的一个途径。

记录通常需要具有 5 个关键要素：

（1）时间；（2）地点；（3）参与者；（4）主题；（5）结果。

记录会带来 4 大好处：

（1）帮助回忆；（2）统一口径；（3）对自己负责；（4）提高效能。

有些人误认为，每日记录就是每天写日记，其实不然。写日记通常没有一定之规，或多或少，写什么都行，而每日记录是指更主动地针对一些重要的事件进行（详细）记录。

每日记录可以重点记录以下 5 个方面的事：

记录有意义的事。将对自己产生重要影响的事或让自己工作和生活发生改变的事如实记录下来。

记录有意思的事。例如，将自己参加的让自己开心的活动、旅游经历等如实记录下来。

记录有启发的事。例如，将看书读到的金句或别人说过的对你有启发的话等如实记录下来。

记录有变化的事。将之前自己身上从没有发生过的事，例如身体健康状况的变化等如实记录下来。笔者曾经在《人到中年 依然如华》[5]一书中提到了许多笔者生病时的细节，有许多人曾经问笔者，你怎么会对生病的时间和细节记得这么清楚，其实就是因为笔者有每日记录的习惯。

记录有想法的事。例如，将自己脑子里时常冒出的新想法记录下来。要知道，这些想法经常是稍纵即逝的。如果当时没有记录下来，之后就再也想不起来了。因此，如果你能够将闪现的想法及时记录下来，当你有机会回来翻看时，会让你对此想法进一步加深印象。或当多少年过去了，如果你的想法真的得到实现，你可以很快且准确地进行追溯，一方面知道你是哪一天开始有了这个想法，另一方面你可以知道自己经历了多长时间想法最终得以实现。现如今，在笔者的手机备忘录里，最多的信息就是"萌生新想法"，也正是这些新想法，成为了笔者之后写作的宝贵素材。

每日记录可以通过表格的形式。见表 2-4。

表 2-4　　　　　　　　**每日记录表**

序号	记 录 方 面	具 体 内 容
1	有意义的事	
2	有意思的事	
3	有启发的事	
4	有变化的事	
5	有想法的事	

2.3.4　每日感悟，取得经验

每日感悟是指人们每日对特定事物或经历所产生的感想与体会。它主要来源于人们的亲身经历与感受。

每日感悟是一种习惯。每日感悟，有则多记，没有则少记，关键是养成记录的习惯。萌生新想法可以放在手机备忘录中或放在手机日历中。

每日感悟是指对当天遇到的所有事和人加以回顾，试图找出一些能给予你带来指引或给他人带来启示的观点。

感悟是指自己总结出的金句，或将别人的名言刻在自己的骨子里，已经变成了自己行动指南的句子。例如，山姆·史迈尔的名言："播种思想，收获行动；播种行动，收获习惯；播种习惯，收获品格；播种品格，收获命运。"现如今，这已经成为了笔者的行动指南。

> 每日感悟通常可以从以下 4 个来源获得：
>
> （1）学习的体会；
>
> （2）生活的沉淀；
>
> （3）实践和经验；
>
> （4）思考与反思。

每日感悟通常会发生在睡前。

要想获得每日感悟，可以向德鲁克先生学习，每日试着问自己 6 个问题。《百年德鲁克》[6]（第 2 版）书中提到，德鲁克先生有静夜 6 思：

（1）我是否完成了今天的目标？

（2）我今天的时间安排是否合理？

（3）今天我学到了什么？

（4）今天我在哪些方面做得还不太好？

（5）我如何才能做得更好？

（6）我明天的目标是什么？

2.3.5 每日运动，保持活力

每天运动可以让你的身体和心灵都保持健康和活力。

每个人都需要生命能量，一方面来自精神，一方面来自身体。每日锻炼是获得生命能量最直接的方式。

锻炼项目不需要复杂或高大上，只要适合自己就好。现如今有许多人喜欢到健身房进行锻炼，抛开花费的金钱成本和时间成本不说，能坚持每天去的人很少，能坚持几年的人更是凤毛麟角。因此，选择能够坚持且适合自己的锻炼项目至关重要，这种适合既包括经济上、时间上，还包括身体上等。

锻炼项目不在多样，只要有一样能坚持每日做就好。锻炼项目有很多，但并不是每个项目都适于每日锻炼。例如，像爬山、打篮球、跑马拉松等项目很多人喜欢，但这些项目并不是每天都能做，或锻炼的时间不可控，因为经常需要与别人一起才能进行。每个人最好有至少一个每日可以锻炼的项目，以保持自身持续的生命活力。

2.3.6 每日成事，获得成果

自我充实的结果就是让自己能有所收获、有所积累、有所成就。如果能让自己每天都有成果出来，那么，成果一定会积少成多，积累到一定程度，你一定会厚积薄发。

每日成事是指保证每天至少有一个成果出来。

每日成事具有 3 个特点，或称"3 需要"：

（1）需要有意识地做出努力；

（2）需要所付出的努力与自己的目标或梦想相关；

（3）需要有可感知的结果。

每日成事，需要有意识。意识是思维。如果没有每日成事的意识，每日就很难成事，或很少成事。然而，如果有每日成事的意识，每日不但能成事甚至能成很多事。

每日成事，需要有目标。目标是指引。有目标，就会有动力朝着目标努力，没有目标，就会明日复明日，或总也达不到成果。

每日成事，需要有产出。产出是结果。产出是衡量是否成事的关键因素。有许多人每天做了很多事，但是没有一个有结果。正确的打开方式是，每天要将自己的事情告一段落，哪怕是有一点点成果。例如，可以写一篇书法、画一幅画、唱一首歌、写一首诗、学习一个单元、看一篇有启发的文章、得出一个有用的感悟、想到一个新想法、写出阶段性内容（如一个小结或一小点）等。总之，要能够被感知到。只有做到每日有所收获，你才会有动力、有信心一步一个脚印地走下去。

2.4 重点做好 5 件事，让生活更有意义

在生活和工作中，人们每天都会做很多事。然而，许多人做的事不是自己给自己安排的事，而是领导吩咐的、不得不做的事，所做的事往往都是被动的，不是出于自己内心想做的事。

一旦你有时间，并且时间受你支配，请一定专注于做对你的人生有意义的事，包括做自己有优势的事、可持续做的事，以及做对自己未来有影响的事。

自我充实可以重点围绕以下 5 件事展开。

2.4.1 做自己喜欢且擅长做的事

生活中，有些人每天都会有一搭无一搭地做点什么，然而可能从没想过做这些事到底是为了什么，或做这些事是否会对自己未来有帮助或对人生有意义。也许有人会说，做事情不需要有目的性呀。

漫无目的地做事情比有目的性地做事情收效要小得多。如果做事情有目的性，能让你做事更有效能，何乐而不为呢。

要想做事情有成效，需要从自己喜欢做的事开始，或者说是从想做的事开始。

我很赞同马克·吐温说过的一句话，"只有通过做自己热爱且

擅长的事情，你才能充分发挥自己的才华并取得真正的成功。"

喜欢是前提。许多人之所以有一搭无一搭，或从没有开始行动，就是因为没有找到自己喜欢做的事。因为一旦你找到自己喜欢的事，不用任何人逼着，你自己会主动去做，而且无法停下来。生活中不乏这样的例子。

相信每个人都有自己喜欢的事，但不一定具有优势。然而，做自身没有优势的事很难让人坚持下来，很难让人走远。

最重要的是，我们需要先找出自己喜欢的事，在此基础上看哪件事自身更具有优势，然后选择这样的事去做。

下面表 2-5 可以帮助你找到你自己喜欢又有优势的事。

表 2-5　　　　　　　找到自己喜欢且擅长的事

序号	喜欢做的事	自己是否擅长	选择/备注
1			
2			
3			
4			
5			

如何才能找到自身擅长的事呢？你可以从教育经历、工作经历、生活经历等方面进行思考，从三个方面中你喜欢的事入手。因为喜欢的事会有很多，可以根据自己的具体情况进行思考，看是否具有优势或是否擅长，再去选择。只有喜欢且擅长的时你才会坚持，才愿意坚持，才会每日为之付出。

我认识一位老人，现年 94 岁，身体相当棒，没有任何基础病，其血项指标比很多同龄人都要好。她自我充实的方式是每日做手工和养花，因为这两件事都是她喜欢和擅长的。老人家的手工堪称一绝，最令人惊讶的是她很善于废物利用，在我们看来要丢弃的废物，在她那里都成为了宝贝，只要经过她的手修改过，很多东西都产生了新的价值。现如今家里到处可见她创作的作品。她用各色毛线头编织的各种物件，例如，为家人编织围脖、帽子、毛线袜，以及编织各种形状的毛线小钥匙链等；用旧衣服或布头做靠垫、防滑拖鞋、小棉垫子等；做各种各样的花朵，鲜艳逼真，让冬天里的家里都充满着色彩；用树叶和豆子做豆画，每一幅画都那么栩栩如生。最令我感叹的是，她在自己床边做了一个挂件布袋，上面有着大小不一的小袋子，分门别类地装着眼镜、放大镜、尺子、指甲刀、体温计、数独表格、笔、手电筒、血压器等自己经常需要的东西，让这些东西触手可及。她的养花技艺也是一绝，令人佩服的是，没有她养不活的花，而且经她手养出的花相当绚烂多姿，为家里添色不少。这位老人就是这样，她每天都在做自己喜欢的事，而且乐此不疲，过得很充实。

真心希望每个人都能找到自己喜欢而又擅长的事。

2.4.2 做可以持续做的事

只有你持续感兴趣的事情，才能给你持续的动力和乐趣。找到那件你可以每天醒来都充满热情去做的事情，这样你就会拥有持续的动力和成长。

生活中，有很多人做事情容易半途而废，有些是主观原因，有些则是因为事情本身就是阶段性的。因此，选择可持续做的事情会事半功倍。例如，现在家长们喜欢为孩子们报名各种兴趣班。其中一个家长让孩子学习奥数，一个家长让孩子学习乐器，很显然，奥数不可能长期学，只是上初中前学，之后再也用不上了，或者说之后就忘了，或者说自己不太可能自学。然而，学乐器则不同，如果你想持续练习乐器是可以的，并且乐器只要学习过就不会忘掉，可以随时捡起来继续自己练习。

> 什么才是可以持续做的事情呢？在选择可持续的事情时需要考虑以下 4 个方面：
>
> （1）可以持续学的东西；
>
> （2）学的东西随着时间推移更有价值的东西，而不是稍纵即逝，只有短期价值的东西；
>
> （3）不会随时间推移而忘记的东西；
>
> （4）到老也可以持续做的东西。

假设你的选择可以同时满足这 4 条，那为什么不选择这样的事情做呢？

生活中，有许多女生喜欢去美容店做美容，但要知道的是，你不可能每天去美容店做美容，因为去美容店做美容是不可持续的，只能解决一时的问题，不能解决长期的问题。笔者之前就走过弯路，当时没有想清楚这件事，笔者会时不时地去美容院做美容，既花钱又不解决实际问题。然而，在想清楚之后，笔者决定每天自己在家里做美容护肤，并且坚持了下来。尽管再怎么美容护肤，也挡不住衰老的步伐，但却能改善自己的皮肤，并延缓衰老。在此之前，笔者的脸部很容易过敏，皮肤很粗糙，且容易起皮，现如今，这些情形早已没有了。

类似的事情还有很多，例如去健身房花钱健身、出去旅游等。

当你知道所做的事情不可能是每天都能做，且是不可持续的时，就不要去选择或开始它。

当然，对可持续的事的理解因人而异。对笔者而言，每日锻炼会选择走路。因为，走路每天都可以进行，然而，跑步、跑马拉松、做瑜伽、爬山等对笔者而言都是不可持续的，因为笔者的膝盖不好。然而有些人会觉得没有问题，可以每天坚持下来。笔者认识的一位女生一直坚持每日练瑜伽，还有一位男生，每日坚持晚上跑步，他们都已经坚持了很多年。希望他们能够坚持下去。

表 2-6 可以帮助你思考自己的爱好是否可以持续。

表 2-6　　　　　　**找到可持续做的事**

序号	爱好	是否可持续	备注
1			
2			
3			
4			
5			

2.4.3 做与自己的目标或梦想相关的事

一个自我充实的人的最好状态是更注重将自己每日充实的内容与其目标或梦想相结合。它会让你在追梦的道路上不断积累、稳扎稳打。

表 2-7 帮助你思考自己目前所做的事是否与目标或梦想有关。

表 2-7 　　　　　　　　**找到与目标或梦想相关的事**

序号	目前所做的事	是否与目标或梦想相关	备注
1			
2			
3			
4			
5			

M 女士，她的梦想之一是有朝一日发布自己设计的儿童酒店品牌。于是，她以在瑞士洛桑酒店管理学院读 MBA 为契机，用了三年多的时间，完成了这个愿望。在过去的三年里，她几乎每天都会留出时间思考和优化她的构思。功夫不负有心人，2024 年 3 月 25 日下午 2：00（美国时间），她终于在美国媒体发布了自创的 Hotel Bambinee 品牌，该品牌被美国酒店业称为美国第一个以儿童为中心的城市酒店品牌。她说，每日做与自己梦想相关的事是一

件令人十分愉快的事。

2.4.4　做可以受用终生的事

不要只满足于眼前的成就，而要追求能够受用终生的事情。

受用终生的事应该包括 3 个层面：

（1）对身体有益；

（2）对社会有益；

（3）对生活有益。

对身体有益，让人活得更有尊严；对社会有益，让人的精神得到永存；对生活有益，让人提高生活品质。

一位退休多年的朋友，为了不让自己老年痴呆，她决定在退休后通过每日学习语言让脑子动起来。据她说，学习多国语言是她年轻时的梦想，现如今她已坚持多年。每日学习语言成为她自我充实的重要部分。在她看来，学习语言是她想做、可控、可持续，且对身体有益的事。

我们每天都在做着人生选择，但因为时间和精力有限，我们为什么不选择一些能让我们受用终生的事情去做呢？

表 2-8 旨在帮助你找到受用终生的事。

表 2-8　　　　　　　　　　**找到可以受用终生的事**

序号	要做的事	是否可以终生受用	备注
1			
2			
3			
4			
5			

2.4.5　做可以留下传承的事

留下传承应该说是人生追求的最高境界。正如亚伯拉罕·林肯所说，"真正伟大的人是那些对未来人类有所贡献的人。"

> 传承有 4 个内涵：
>
> （1）给社会留下财富；
>
> （2）为后续工作或生活打下基础；
>
> （3）对下一代有益；
>
> （4）为他人带来正能量等。

留下传承是笔者一直以来的不懈追求。因此，每日做与传承相关的事就成为笔者自我充实的目标。笔者将写书作为自己留下传承的方式之一。于是，我每天做的事之一就是为写书做准备，包括构思、素材积累、写作、调整、出版、再构思，循环往复。这也成为笔者在自我充实方面的主要内容。

除了写作之外，授课也是一种很好的传承方式。笔者不但讲授"高效能人士的七个习惯"[7]"六顶思考帽"[8]等课程，还自行开发了一些新的课程，包括"职场感悟""高效能管理""思考的力量""自我管理""中年幸福""心智教育"等。

笔者习惯于对目前所做或想做的事进行事先思考，每次一定会选择更有可能留下传承的事情去做。

表 2-9 可以帮助你找到未来可以留下传承的事。

表 2-9　　　　　　　　　　**找到可以留下传承的事**

序号	目前所做/想做的事	未来是否可以留下传承	备注
1			
2			
3			
4			
5			

关于如何重点做好人生 5 件事，很有可能在此之前你没有想过，那么，从现在开始，你可以重新思考一下自我充实的内容。为了帮助思考，笔者列出一张自查表，你不妨自查一下，看看自己目前所做的事是属于哪一项。如果属于其中某一项，至少说明你现在所做的自我充实的事情是有意义的。当然，如果这 5 件事你

都有涉及，那就再好不过了。

表 2-10 可以帮助你找到你当下最该做的事。

表 2-10　　　　　　　**找到你当下最应该做的事**

序号	每日所做的事	喜欢且擅长的事	可持续做的事	与目标或梦想相关的事	可以受用终生的事	可以留下传承的事	备注
1							
2							
3							
4							
5							
6							

2.5 结语： 懂得自我充实的人更能厚积薄发

每个人都渴望自我成长和自我发展，希望自己拥有精彩的人生。然而，精彩的人生不是等出来的，而是一步一步走出来的。要想走出精彩人生路，需要有意识地自我充实，寻求自我发展。

每一次自我充实和积累，都是在为未来的成功做准备。当机会来临时，你就能够厚积薄发，取得辉煌的成就。

自我充实是指自己主动通过每日获取有用且有意义的新知、培养受用终生的习惯，让自己不断赋能、有所积累、充满后劲，从而有机会厚积薄发。

自我充实的人往往有上进心，他们往往具有主动性、自觉性和习惯性，无需扬鞭自奋蹄。如果哪一天没有充实自己，他们就会觉得很不自在。

自我充实的人懂得强化自己的长板，坦然应对短板。

自我充实的人习惯于每日更新。每日更新可以包括每日计划、每日学习、每日记录、每日感悟、每日运动、每日成事。

让自我充实更具成效的方法是围绕人生 5 件重要事展开，包括：

（1）做自己喜欢且擅长做的事；

（2）做可以持续做的事；

（3）做与自己的目标或梦想相关的事；

（4）做可以受用终生的事；

（5）做可以留下传承的事。

一个坚持自我充实的人一定是一个充满内涵的人，是一个能让自己有机会厚积薄发的人，是一个让人充满期待的人。

第3章

• • • • • • • • • • • • •

自我约束

——成为有特色的自己

自我约束是自我管理的有效手段之一。它更像是一个控制器。

自我约束是指个人自愿地限制和控制自己的行为，以符合一定的规范、价值观或目标。

你是一个能够做到自我约束的人吗？请首先根据表 3-1 进行自测。

表 3-1　　　　　　　　　自我约束自测题

序号	自 我 约 束	是	否	导读
1	你总是充满正能量			3.1.1
2	你能做到喜怒哀乐不溢于言表			3.1.2
3	你知道自己的人生追求			3.1.3/3.2.1
4	你做事有章法、有条不紊			3.1.4
5	你愿意表扬和鼓励别人			3.1.5
6	你是不喜欢张扬的人			3.1.6
7	你有 1~3 个好习惯（请列出）			3.2.5
8	你会有意识挖掘自己的潜力			3.2.4
9	你有自己的专属标签			3.2.7

请统计一下你回答"是"的条数。

如果你有1~3条，说明你有自我约束的行为，但还不够；如果你有4~6条，说明你是一个愿意自我约束的人；如果你有7条以上，说明你有自律意识，是一个自我约束的人。

如果你有0条，请从3.1开始依次阅读。

如果你有9条，你可以不看3.1和3.2，直接跳到3.3结语部分。

如果你有1条以上的"否"，建议你阅读其相应的章节，具体章节详见表3-1中对应的导读项。

自我约束不是指限制自己，而是指发掘自己的潜力，展现自己的特色。

要想成为一个有特色的人，就要学会自我约束，并在约束中展现个性。

自我约束强调个人自主地做出决策，自觉地遵守规则和约束，以达到自己设定的目标。自我约束通常是出于内在的动机和意愿，而不是外部的压力或限制。

我们知道，树木要想长高长好，需要园林工人不断对其修剪，保留好的树枝，减掉影响生长和美观的乱枝，最终形成好的树形，长成参天大树。所不同的是，树木修剪需要的是外界的力量，而自我约束则是要靠自己的力量。

自我约束就是通过一系列方式方法，让自己在受到约束的环境下或特定的环境下不断磨练自己和塑造自己，让自己有意识地呈现出较好的方面，而摒弃不好的方面，成为有特色的自己。

一个是否做到自我约束的人往往通过他的外在表现和他的内在行为准则可以看出。

3.1　自我约束的人的 6 个外在表现

如何判断一个人是否是自我约束的人，其实可以通过他们的外在表现鉴别出来。

自我约束的人往往会有 6 种外在表现：

（1）心态平和；

（2）控制情绪；

（3）追求目标；

（4）处乱不惊；

（5）为人友善；

（6）做事低调。

3.1.1　心态平和

心态平和的人不会被外界的干扰所左右，他们能够自我约束，专注于自己的目标并保持前进。

要想成为具有平和心态的人，有 3 个方法较为有效：

培养冷静思考的能力。当遇到挑战或困难时，尽量保持冷静并进行深思熟虑的分析。不要让情绪主导思考和行动，而是以理性和客观的态度来面对问题。

坚持健康的生活方式。保持良好的身体健康，如定期锻炼、充足的睡眠和均衡的饮食，有助于维持身心平衡和稳定的情绪。

培养正面的心态。培养积极的思维方式，关注事物的积极面和解决问题的可能性，避免消极的自我对话和过度担忧。

一个人如果想要成为心态平和的人，他/她都应该努力找到至少一个特别适合自己的方法。就笔者而言，我采用的是培养正面心态的方法。在遇到挫折时，笔者会把它当成自己锻炼成长的机会，同时，从问题中及时吸取经验教训，忘掉问题本身，然后轻装前进。

3.1.2 控制情绪

情绪稳定是智慧的象征。

控制情绪是一项重要的生活技能，要想成为能够控制自己情绪的人，采取以下 5 个方法较为有效：

深呼吸和放松。当你感到情绪激动或压力增加时，尝试进行深呼吸和放松练习。深呼吸有助于放松紧张的身体和情绪，让你更好地控制情绪。

寻找适当的出口。找到适合你的情绪释放方式，如写日记、锻炼、听音乐、绘画等。通过这些方式来表达和释放情绪，有助于缓解内心的紧张和压力。

接受情绪。接受自己的情绪，不要抵抗或否定它们。认识到情绪是正常的人类体验，不要对自己的情绪感到羞耻或抱怨。

管理压力。寻找减轻压力的方法，如时间管理、放松技巧、运动等。减少压力有助于降低情绪激动和情绪失控的可能性。

自我调节。通过实践和练习，逐渐培养自我调节情绪的能力。这需要时间和努力，但持续的实践可以让你越来越好地控制情绪。

一个自我约束的人往往可以做到较好的控制自己的情绪。每个人都可以结合自身实际找到适合自己的方法。生活中，笔者更多采用的是时间管理和自我调节的方法，努力做到让时间尽在自己的掌控中。例如，事前做规划，可以免去许多因为时间紧迫造成的焦虑。

3.1.3　追求目标

自我约束的人往往是对自己有要求并且追求目标的人。追求目标是成功的第一步。

要想成为追求目标的人，采取以下 7 个方法更为有效：

明确目标。确保你有明确、具体的目标。将目标写下来，并确保它们具有可衡量性和可实现性。

制定计划。制定详细的行动计划，将大目标分解为小的可行步骤。每个步骤都应该有具体的时间表和行动计划。

培养毅力。追求目标需要坚持和毅力。要克服困难和挑战，保持对目标的执着，并不断努力。

坚持自我反省。定期回顾目标的进展，评估自己的努力和策略是否有效。根据反馈和经验调整计划和方法。

培养积极心态。保持积极的心态和乐观的态度。相信自己能够克服困难，并以积极的心态面对挑战。

善于管理时间。合理规划时间，确保有效利用时间来推动目标的实现。学会优先处理重要的任务和活动。

坚持学习和成长。不断学习和发展自己的技能和知识，以提高自己的能力和资源。不断寻求新的机会和挑战。

追求目标是一个长期的过程，需要耐心和持久的努力。坚持自己的目标，不断调整和改进自己的方法，你就能够朝着实现目标的方向前进。追求目标的力量是巨大的，它会让你自觉地摒弃外界的干扰和影响，义无反顾地朝着目标前行。

例如，R 追求的目标是成为一名终身讲师。有几次当有人提议让 R 去开办教育机构时，R 都会马上婉言谢绝。因为开公司不是 R 追求的目标，他说，当自己有明确追求时，其他都是浮云。

3.1.4　处乱不惊

自我约束的人往往能在遇到困境时能够保持镇静，做到处乱不惊。

要想做到处乱不惊，可采取以下 5 个方法：

培养冷静的反应。当面临紧急情况或压力时，往往会出现冲动和激动的反应。学会停顿一下，冷静思考并选择合适的行动。不要让情绪驱使你做出冲动的决定。

保持积极的心态。培养积极的心态，看到问题的解决方案和积极的一面。将困难视为挑战和机会，相信自己有能力克服困难。

掌控自己的思维。学会控制自己的思维方式，避免过度担忧和消极的思考。转移注意力，专注于解决问题和找到解决方案。

练习冷静的决策。在重要的决策面前，给自己一些时间来冷静思考和权衡各种选择。避免在情绪激动时做出决定，而是通过冷静和理性的思考做出明智的选择。

基于事实和逻辑思考。在困难和紧急情况下，依靠事实和逻辑来指导你的思考和行动。避免被情绪和个人偏见左右，努力保持客观和理性。

每个人都可以通过实践和努力培养处乱不惊的能力。始终保持冷静和理性，灵活适应变化，并专注于解决问题和达成目标，你将更容易面对生活中的挑战和压力。

生活中，在遇到大事时，最有效的做法是给自己冷静思考的时间，在这段时间里，要保持沉默，不做决定。

3.1.5　为人友善

为人友善的人会给人以深刻印象。他们更容易得到他人的信任。

要做到善待他人，为人友善，采取以下 7 个方法较为有效：

尊重他人。对待他人要有基本的尊重和礼貌，包括倾听他人的观点，尊重他人的感受和权利。尽量避免冲动和偏见，以平等和包容的态度对待他人。

善良和同理心。培养善良的品质，关心他人，表现出同理心。设身处地地考虑他人的处境和感受，努力理解他人的观点和需求。

友善的沟通。在与他人交流时，保持友善和善意的语气。尽量避免争吵和攻击性的言辞，以积极和建设性的方式表达自己的观点。

提供帮助和支持。愿意主动提供帮助和支持他人，尽力帮助他人解决问题和达成目标。对他人的困难和需要保持敏感，并提供适当的支持。

宽容和宽恕。学会宽容他人的错误和缺点，不过分苛求他人。对于别人的过失或错误，有时候也需要给予宽容和宽恕。

避免批评和抱怨。尽量避免过度批评和抱怨他人，而是鼓励和支持他人的成长和进步。以积极和鼓励的态度对待他人，帮助他们建立自信和积极的心态。

保持积极的态度。保持积极的心态和乐观的态度，能够传递给他人积极的能量和希望。

通过实践和努力，每个人都可以成为一个友善和受人欢迎的人。笔者经过实践发现，避免批评和抱怨、对人宽容和包容，以及为他人提供帮助和支持更能锻炼自己的自我约束的能力，拉近人与人之间的距离。

3.1.6 做事低调

做事保持低调，不是每一个人都能做得到的，需要自我约束。

要想做事低调，采取以下 8 个方法较为有效：

谦虚谨慎。保持谦逊的态度，不夸大自己的成就和能力。避免过分张扬和炫耀自己的成果，而是保持谨慎和低调的姿态。

注重实际。注重实际的表现和结果，而非过分追求外在的炫耀和宣传。专注于自己的工作和目标，默默地努力并取得实际的成绩。

保持内敛。不需要将自己的一切都公之于众，保持适度的内敛和保守。不过度透露个人隐私和内心感受，将更多的精力放在实际行动上。

避免争夺和攀比。不与他人攀比和争夺功名利禄。保持平和的心态，不被他人的成功或失败所左右，专注于自己的发展和进步。

不渲染自己。不过分渲染自己的形象和能力，不过分夸大和夸张自己的事迹和成就。以真实和真诚的方式与他人交流和表达自己。

保持低调的言行。言行举止要谨慎，不给人以浮夸和张扬的感觉。避免过度夸大言辞和过分夸张的姿态。

尊重他人。尊重他人的努力和成就，不轻视或贬低他人的努力。与他人建立良好的合作关系，共同进步。

专注于内在成长。将更多的精力放在自身的成长和进步上，注重内在的修养和提升。不追求虚荣和表面的成就，而是注重自我提升和个人价值的增长。

自我约束的人往往做事低调，有成绩不张扬，专注于内在成长。做事保持低调可以让你在不受别人关注的情况下或者在没有任何压力的情况下努力实现自己的目标。往往几年过去了，当别人看到你的成果时，这会让人刮目相看，会让你有一种奇妙的感觉。当你有这种感觉时，说明你做到了低调做事。

3.2 自我约束的人的 7 个内在行为准则

自我约束的人之所以有上面提到的 6 个外在表现，主要是因为他们在很多方面是有自己的行为准则，涉及目标、原则、优势、习惯、潜力、风格等。

自我约束的人有 7 个行为准则：

（1）有长期的目标；

（2）有自己的做事原则；

（3）发展自身优势；

（4）避免做没有优势的事；

（5）拥有良好的习惯；

（6）懂得挖掘自身潜力；

（7）努力形成独特的风格。

3.2.1 有长期的追求目标

有长期的追求目标是形成自己的特色的重要条件。

拥有长期目标，可以让人在人生中主要得到以下 4 大好处：

有方向性。长期目标为我们提供了明确的方向，使我们知道自己要朝着什么方向前进。它们激发了主体内在的动力和动机，让我们有目标地努力奋斗。

有持久的动力。长期目标可以激发我们持久的动力和毅力。它们提醒我们不仅要关注眼前的成果，还要考虑未来的长期收益，使我们能够坚持不懈地努力工作。

有成长和发展。追求长期目标是一个持续学习和成长的过程。在这个过程中，我们不断积累经验、掌握新技能，不断提升自己的能力和素质。

有自我实现和满足。通过追求长期目标，我们能够实现自我价值和潜力，体现自己的独特才能和特点，获得更高的自我满足和成就感。

马云的成功，就在于拥有长期目标。在创建阿里巴巴之初，他就立下了一个长期目标：成为全球领先的互联网公司。尽管阿里巴巴的初创阶段面临着重重困难和挑战，包括资金短缺、竞争激烈等，马云却始终坚持他的长期目标，并通过自我约束和努力实现了目标。阿里巴巴成为了全球最大的电商平台之一，马云本人也成了一位世界知名的商业领袖。

3.2.2　有自己的做事原则

原则是我们坚守的信念，无论是面对困难还是诱惑，都能指引我们走向正确的道路。

一个人如果没有原则，就会在生活的风浪中迷失方向。

做事有原则是要坚守自己的价值观和道德准则，在面对诱惑和困难时始终保持坚定。这种自我约束和坚守原则的行为能够塑造个人的品格和信念，并为个人的成功和成就奠定坚实的基础。

有自己的做事原则主要可以给人带来以下 6 个好处：

指导行为。做事原则为个人行为提供了明确的指导和方向。它能帮助我们明确什么是对和错，如何应对各种情况和做出决策。

保持一致性。做事原则帮助我们保持一致性和稳定性。无论面临何种情况，我们都能够坚守自己的价值观和原则，不受外界诱惑或压力的影响。

建立信任。有自己的做事原则可以赢得他人的信任和尊重。人们倾向于信任那些坚守原则、有明确价值观的人，因为他们展现出稳定性和可靠性。

增强决策能力。做事原则可以帮助我们做出更明智的决策。当我们有明确的原则作为参考，我们能够更好地权衡利弊，做出符合自己价值观的决策。

塑造个人品牌。拥有自己的做事原则有助于塑造个人品牌和形象。它定义了我们是谁以及我们如何与他人相处，给他人留下积极的印象。

促进个人成长。遵循做事原则是一个不断成长和改进的过程。通过反思和修正我们的原则，我们能够不断提升自己的价值观和行为准则，实现个人成长。

史蒂夫·乔布斯——苹果公司的创始人之一，他坚持自己的做事原则。乔布斯在苹果公司的创办和发展过程中始终坚持着几个核心原则，其中之一是简化和专注。乔布斯相信简单才是最好的设计，他致力于将复杂的技术和功能转化为简洁、易于使用的产品。他的创新产品如 iPhone、iPad 和 Mac 等改变了整个科技行业，并给人们带来了前所未有的体验和便利。

3.2.3　发展自身优势

约翰·C. 马克说过，"你的优势是你最强大的资产。不断学习和发展你的优势，使其成为你的竞争优势。"

发展自身优势是一种能够吸引他人关注和认可的方式。

发展自身优势可以带来以下 5 个好处：

重塑自我认知。了解自己的优势是什么，包括技能、知识、经验、特长和个人特点。认识自己的优势是展现它们的第一步。

建立自信。相信自己的能力和价值，树立积极的自我形象。自信是展现优势的基础，它能够让你在各种情况下表现出色。

增强专业知识和技能。不断学习和提升自己的专业知识和技能。通过持续学习和实践，不断完善自己的优势，展现出自己在特定领域的专长。

打造个人形象。寻找展现自身优势的机会，可以是工作项目、社交场合、演讲或展示活动等。选择适合自己的场合，展示自己的优势和能力。

树立良好的口碑。通过表现出色的工作和积极的工作态度，树立起良好的口碑。他人对你的评价和推荐能够进一步展现你的优势。

马克·扎克伯格——Facebook 的创始人和首席执行官，他通过发展自身的优势并将其转化为商业机会取得了巨大的成功。扎克伯格的一个显著优势是他在编程和计算机科学方面的才能。他对编程有着深入的理解和热情，并且在大学期间就开发了 Facebook 这个全球知名的社交网络平台。他利用自己的技术能力和对社交网络的独到见解，成功地打造了一个全球范围内人们交流的平台。

3.2.4　避免做没有优势的事

我很赞同彼得·德鲁克说过的一句话，"专注于你的优势，不要将时间浪费在你没有优势的领域。"

瑞·达利欧在《原则》[9] 一书中提到，面对自身缺点，你有 4 种选择：（1）你可以否认缺点（这是大多数人的做法）；（2）你可以承认缺点并应对缺点，努力把缺点转化为优势（能不能成功取决于你的自我改变能力）；（3）你可以承认缺点并找到绕过缺点的方法；（4）你可以改变你的目标。

承认缺点的同时努力想办法避开，是最容易、通常也最可行的道路，但这也是少有人走的路。

避免做没有优势的事主要可以带来以下 5 个好处：

节省时间和精力。将时间和精力投入到具有优势和擅长的领域，可以更加高效地利用资源。避免做没有优势的事可以避免浪费时间和精力在不必要的任务上，使你能够专注于自己擅长的领域。

提高工作效率。专注于优势领域可以提高工作效率。当你集中精力在自己擅长的事物上时，你可以更快地完成任务，做出更好的成绩，并提升工作表现。

增强自信心。专注于优势领域可以增强自信心。当你专注于自己擅长的事情，并在这些领域中取得成就时，你会感到更加自信和满足，从而进一步激发自身的潜力和动力。

提升专业形象和声誉。专注于自己擅长的领域，展示出卓越的表现和专业水准，可以建立起良好的专业形象和声誉。这有助于提高你在行业中的认可度和影响力，为个人的职业发展创造更多机会。

找到更多发展机会。专注于优势领域可以帮助你发现更多的发展机会。当你在自己擅长的领域中展现出优秀的表现时，往往会吸引更多的机会和合作伙伴，为个人发展和职业提升打开更多的门路。

杰夫·贝索斯——亚马逊公司的创始人和前首席执行官，在创办亚马逊之初就专注于在线零售业务，并将其发展成全球最大的电子商务平台之一。他深刻理解亚马逊在在线购物和物流领域的优势，并将其不断扩大和巩固，避免投入过多资源和精力在其他没有优势的领域上。这种避免分散注意力和资源的策略帮助亚马逊保持了高度的竞争力，并使公司能够持续地创新和扩张。

3.2.5　拥有良好的习惯

良好的习惯能够塑造我们的人格、决定我们的未来和帮助我们获得成功。

有良好的习惯主要可以带来以下 5 个好处：

提高效率和成果。良好的习惯可以帮助个人更高效地完成任务和工作，减少拖延和浪费时间的情况。它们建立了规律和有组织的行为模式，使人们更加专注和集中注意力，提高工作效率和产出质量。

培养自律和坚持力。良好的习惯需要持续的努力和自律，培养了个人的坚持力和毅力。通过坚持良好的习惯，个人能够克服困难和挑战，保持动力和目标的持久性。

促进健康和福祉。一些良好的习惯，如健康饮食、规律的锻炼和充足的睡眠，有助于维持身体健康和提高生活质量。良好的习惯还可以减少不健康的行为，如吸烟和过度饮酒，从而降低患病风险。

增强自信和自尊。良好的习惯让个人感到有条不紊、有掌控力，增强了自信和自尊。通过遵循一定的规则和标准，个人能够建立起自己的信心和自豪感，从而更好地应对挑战和压力。

塑造个人形象和信誉。良好的习惯塑造了个人的形象和信誉。它们展示了个人的自律和可靠性，使人们对个人产生信任和尊重。良好的习惯也可以帮助个人建立良好的人际关系和社会声誉。

埃隆·马斯克——特斯拉和 SpaceX 的创始人，以其杰出的成就闻名于世，其中一部分成就归功于他养成了一系列良好的习惯。马斯克是一个工作狂，他每天长时间工作，并且有着强烈的自我约束。他注重时间管理，制订详细的计划和日程安排，以确保任务高效完成。马斯克还养成了坚韧不拔的性格和不放弃的习惯。他面对巨大的困难和挑战时保持乐观，坚持追求他的愿景和目标。

成功的关键不在于你偶尔做什么，而在于你每天都在做什么。

3.2.6 懂得挖掘自身潜力

每个人都是独一无二的，拥有无限的潜力。我们需要发掘和释放自己的潜力，让它发光发热。

挖掘自身潜力是一个持续不断的过程。

挖掘自身潜力主要可以带来以下 5 个好处：

实现个人成长和发展。挖掘自身潜力可以帮助你不断发展自己的能力和技能，提升自我价值和个人成就感。通过不断探索和发掘自己的潜力，你可以不断成长并成为更好的自己。

发现自己的优势和天赋。挖掘自身潜力可以帮助你发现自己的优势和天赋，从而更好地利用和发挥这些优势。了解自己的潜力能够让你在职业发展和个人生活中更加专注和有目标地发展自己的优势领域。

提升自信和自尊。通过挖掘自身潜力，你可以不断突破自我限制和挑战，实现自我目标，从而增强自信心和自尊心。当你意识到自己拥有巨大的潜力并能够实现自己的目标时，你会更有自信地面对各种挑战和困难。

开拓新的可能性和机会。挖掘自身潜力可以帮助你发现并探索新的领域和机会。当你敢于尝试并发掘自己未知的能力和潜力时，你可能会发现一些新的兴趣爱好、职业机会或创新思维，从而为自己创造更多的发展和成功机会。

提高综合能力和适应力。挖掘自身潜力需要你不断学习、成长和适应。这个过程会培养你的综合能力，如学习能力、解决问题能力、创造力、适应能力等。这些能力对于个人成功和应对各种变化和挑战都至关重要。

奥普拉·温弗瑞（Oprah Winfrey）——美国媒体巨头和慈善家，她的成功部分归功于她对自身潜力的挖掘和充分发挥。温弗瑞从小就面临着困境和挑战，但她通过积极的自我探索和发展，逐渐发现了自己的潜力，开创了自己的脱口秀节目《奥普拉秀》。她以真诚、温暖和激励人心的风格吸引了大量观众，成为全球最受欢迎的脱口秀主持人之一。

3.2.7　努力形成独特的风格

拥有独特的风格对个人的发展和成功有着重要的意义。

有独特的风格主要可以带来以下 5 个好处：

突出个人特点。独特的风格能够突出个人的独特性和性格特点，让人们在众多人中脱颖而出。它可以成为个人的标志和品牌，让人们对你有深刻的印象。

增加竞争力。在竞争激烈的社会和职场中，拥有独特的风格可以让你在众多竞争对手中脱颖而出，提高个人的竞争力。独特的风格可以展现你的独到见解和创造力，吸引他人的注意和赞赏。

增强自信和自尊。拥有独特的风格能够让你对自己更有信心，增强自尊心。当你拥有自己独特的方式表达自己、处理事物时，你会感到更加自信和满足。

创造个人品牌。独特的风格可以帮助你建立个人品牌。它可以塑造你的形象和声誉，使你在特定领域或行业中被认可和记住。

拥有独特的风格还可以吸引更多的机会和合作伙伴，推动你的个人和职业发展。

提供创新和创造力。独特的风格鼓励个人思考和行动的独立性，促进创新和创造力的发展。它鼓励你挑战常规和传统，寻找新的方式和方法，为个人和社会带来新的价值和影响力。

卡尔·拉格斐尔德（Karl Lagerfeld）——著名的时尚设计师和创意总监，他通过独特的风格和个人品味，在时尚界取得了巨大成就。拉格斐尔德以其标志性的个人形象而闻名，他经常戴着黑色太阳镜，身着高领白衬衫和黑色领带，伴以银白色马尾发辫露面。他在设计领域也有独特的风格，他注重细节和剪裁，善于将传统元素与现代风格相结合，创造出独具个性和时尚感的作品。

3.3 结语： 拥有专属标签， 成为有特色的自己

　　一个没有特点的人，是很难让人记住的！不断让自己被赋予标签，或赋予更多的标签，关键是要有标签。

　　没有标签，意味着没有特点。没有特点，就很难被画像，也就很难被人记住。就像为人物画像一样，只有拥有了几个特点就能勾勒出一个人的轮廓，特点越多，画得就越像。

　　每个人都是独一无二的，要拥有自己的专属标签，不断展现自己的个性和独特之处。

> 拥有专属的标签对个人有以下 4 个重要的意义：
>
> （1）突出个人特点；
>
> （2）建立个人品牌；
>
> （3）提高自我认知和发展；
>
> （4）增加个人认可度和影响力。

　　拥有自己专属的标签应尽可能针对你的思维、行动、习惯、能力、原则、品格、风格、心态等方面出发，而不是从你的个人爱好出发。

　　拥有自己的专属标签最好不要只是拥有某种爱好的标签。因

为，如果你先被赋予了具有某种爱好的标签，那么，你的其他优势将会被埋没，甚至可能会被人归类，因而失去本该属于你的成长机会。

你的形象不是你自己眼中的你，而是别人眼中的你。

有一个我熟知的人 G，一度被赋予了热衷参加文艺体育活动和比赛等标签。从此，别人就认为 G 在专业方面不会有什么成就，即使 G 再努力，做得再好，领导也会认为 G 没有将全部精力放在工作上。要知道，一旦有了这种标签就很难改变。直到经过 20 多年的自我约束，G 终于获得了新的标签。例如，被赋予某领域专家的标签，还被赋予了适应能力强（因为其多岗位经历）、有拓展能力（几次开拓新市场核心领域）、敢于担当（敢于授权，不怕受埋怨）、原则性强（坚持自己的原则）等标签。

你的特色就是你的力量，可以用它来创造你自己的独特价值。

李宁是中国著名的体操运动员，他在 1984 年洛杉矶奥运会上获得了六枚奖牌，其中包括三枚金牌。李宁的特点之一就是他在体操比赛中创了许多独特而难以复制的动作。他在自己擅长的技术和动作上下功夫，形成了著名的"李宁之旋风"动作，展现自己独特的风格。他成为了一位有特色的体操选手，并为中国体操队赢得了荣誉。

要想拥有自己的专属标签，成为有特色的自己，需要不断发掘自身优势，建立专业领域的专长，培养个性化的风格，创造独特的价值观，培养自信和积极心态，不断学习和成长，建立独特的人际关系，保持真实性和自然性。通过努力，可以让人在职业生涯和个人发展中脱颖而出，你可以逐步塑造出一个有特色、有影响力的自己。

自我约束是一个需要长期实践和培养的能力。要有耐心和恒心，逐步改善自我约束能力，并相信它将对你的个人发展和成功产生积极的影响。

如果哪一天你拥有了属于自己的标签，说明你在自我约束的道路上取得了突破性进展。

第4章

· · · · · · · · · · · · · · ·

自我反思

——成为有感悟的自己

自我反思是自我管理的有效手段之一。它更像是一个推进器。

自我反思是指从自己过往出现的问题中或从别人经历过的事情中及时汲取经验和教训，同时结合自身实际，努力找到适合自己的方法，最终形成自己的感悟，以指导自己今后的行动。

你是一个有自我反思的人吗？请首先根据表4-1进行自测。

表4-1　　　　　　　　自我反思自测题

序号	自 我 反 思	是	否	导读
1	你在完成一件事后，会及时思考还有哪些方面可以改进或提升			4.2
2	你会从别人身上发生的事吸取教训			4.3
3	你善于总结出自己的感悟			4.4
4	你有自己的使命宣言/长期追求			4.6.1
5	你会根据自己的原则做出选择			4.6.2
6	你做事会以结果为导向，注重效果和产出/成果			4.6.3

自我管理：成为自己想要成为的样子

请统计一下你回答"是"的条数。

如果你有 1~2 条，说明你有一定自我反思的意识；如果你有3~4 条，说明你有较好的自我反思意识，并能采取一些行动。如果你有 5~6 条，说明你有很好的自我反思意识，并且有较好的成长轨迹。

如果你有 0 条，请从 4.1 开始依次阅读。

如果你有 6 条，你可以不看 4.1~4.5，直接跳到 4.6 和 4.7 结语部分。

如果你有 1 条以上的"否"，建议你阅读其相应的章节，具体章节详见表 4-1 中对应的导读项。

每个人都会经历各种各样的事，无论是亲身经历，还是看到别人经历。由于每个人所站的角度不同和价值观不同，每个人对于同样一件事情所得出的感悟有可能是不同的。

为了避免自己走弯路，通过从别人身上发生的事得出感悟不失为一种快捷有效的方式。

在开始讲述自我反思之前，有必要搞清自我反思与自我反省的异同。

4.1 自我反思与自我反省的异同

自我反思和自我反省的相同之处在于：两者都会对自己身上发生的事进行检查和审视。

自我反思与自我反省的区别主要在于 2 个方面：

（1）涉及的主体不同。自我反思是既从自己身上发生的事找问题和原因，同时也从他人身上发生的事得到经验教训。自我反省只是从自己身上发生的事中发现自己的问题和原因；

（2）输出的结果不同。自我反思输出的是自己的感悟，以指导自己今后的行动。自我反省输出的是自己存在的问题以及产生问题的原因。

简单地说，自我反思可以通过自己身上发生的事和通过别人身上发生的事得到。

从自己身上得到反思。每件事情过后，需要问自己以下 3 个问题：

（1）学到了什么。主要看学到了什么自己原来不知道的东西；

（2）发现了什么。主要反思自己还有哪些做的不够，还有待改进的地方；

（3）今后需要做什么。主要思考下一步应该如何做，看一看哪些事情需要马上弥补，哪些事情需要今后注意等。

从别人身上得到反思。人们不一定总是在自己遇到了什么事情之后再去反思，有时候会从别人身上反思。然而，有些人认为我和别人不一样，不需要从别人身上反思东西。其实不然。从别人身上反思教训不失为一种好的方法。它可以让你快速借鉴好的东西，摒弃不好的东西，减少自己出错的行动。

要想从别人身上得到反思，可以从以下3个方面着手：

（1）以旁观者的角度观察和学习。俗话说得好："旁观者清"。多注意观察，从别人身上发生的事情反思是一个很好的方式，尤其在激烈竞争的社会，可以少摔跟头。例如，多读一些名人传记，多看一些优秀影视作品等，从中获取正能量。

（2）愿意倾听。当别人在聊一些事情时，即使自己不感兴趣或不能参与其中，做一个好听众也是必要的。你可以从中学到很多你不知道的东西，了解别人思考问题的方式以及对于事物和人所持有的态度。这些有时对自己会起到一个借鉴作用。

（3）换位思考。经常问自己，假如你遇到这件事情你会怎么做。将自己的思路与别人的想法做个对比，找出不同点。之后，发现不同点背后的东西，如所站的角度、所处的环境、所处的位置等。如果你能这样做，你会从中反思很多。

无论是从自己身上反思还是从别人身上反思，要想获得好的效果，最好采取以下3种方法：

（1）将悟出的东西说出来。说出来的过程其实也是在梳理、整理和总结的过程。从另一个角度讲，你可以从听众中得到反馈，进而会加深自己的印象或反思更多东西。

（2）记录下来。如果你可以做到在每一件事后都能记录一下自己的反思，那么，多年以后，你的这些反思将成为你的一笔财富，必将有助于你的快速进步和成长。

（3）付诸实践。将自己反思的东西只是说出来和记录下来还不够，还应该寻觅机会将自己不断总结和反思出来的东西付诸实践。这样做会加深你的记忆和体会，否则，好的东西会稍纵即逝。

4.2　自我反思的3个有效方式

什么是自我反思的有效方式呢？

自我反思有3种很有效的方式，包括：

（1）及时反思；

（2）每日反思；

（3）事后反思。

1. 及时反思

及时反思是智者的修行，它让我们从经验中汲取智慧，并避免重复犯错。

及时反思是指对刚发生的事进行反思。

我们可能有过这样的经历，自己碰到一件事，原本当时很有感触，但因为时间关系，没有顾得上多想，然而，过了一段时间似乎感触没有那么深了，甚至想不起来了。

因此，我们应该养成及时反思的习惯，哪怕是没有时间，也要先将当时触碰到你的点赶紧记录下来。

2. 每日反思

每日反思是一种锻炼，它让我们更清楚地认识自己，明确目标，并不断调整方向。

每日反思是指对当天遇到的所有事和人加以回顾，试图找出一些能给你带来指引或给他人带来启示的观点。

在职场，很多人白天相当忙碌，只有晚上睡前的一点时间可以静下来。因此，每日反思最佳的时间是在睡觉前。

3. 事后反思

没有什么比经验更宝贵的了，而事后反思则是将这些经验转化为智慧的关键。

事后反思是指在事情完全过去或者事件形成闭环后，再去反思。

我们知道，有很多事是不可能当天完成或有结果的，它往往需要一个过程，甚至需要较长的时间。因此，当整个事情结束之后，要记得抓紧进行事后反思。

可以说，事后反思往往是一种较全面的反思，因为它是需要对全过程进行深度思考后才能得出的反思。

事后反思往往更具有客观性，因为它经历了一定时间的沉淀。

4.3 自我反思的3个显著特点

什么是真正的自我反思呢？

自我反思具有3个显著特点：

（1）有事件触发；

（2）结合自身实际主动反思；

（3）形成属于自己的感悟。

其中，有触发事件是自我反思的前提，结合自身实际主动反思是自我反思的核心，形成属于自己的感悟是自我反思的关键。

具体说来，人们往往是在某个特殊事件发生时或发生后才会进行自我反思，而不会无缘无故地自我反思。自我反思通常是结合自身实际主动进行的，而不是站在他人角度或被逼迫进行的。自我反思的结果是形成自己特有的反思，或者深信不疑、深有体会的他人反思作为自己的反思。

自我反思的意义在于通过所经历的事件找出自己的反思，并基于此开始行动，让自己逐渐发生转变。

4.4　抓住自我反思的 4 个重要时机

时机是宝贵的，只有在适当的时间进行反思，才能及时发现问题、解决困难，并不断改进和成长。不要等待和拖延，要时刻保持警觉，抓住每一个反思的时机，以便更好地了解自己、提高自己。

在遇到事情后，每个人都会或多或少、或深或浅地进行思考。然而，真正进行自我反思的少之又少，或机会稍纵即逝。

自我反思应该抓住 4 个重要时机，包括：

（1）上课时；

（2）读书时；

（3）写总结时；

（4）出现问题时。

1. 上课时

参加一次受用的培训或讲座，如思考课程、领导力课程、管理课程等，是一个人进行自我反思的最佳时机。因为老师不会针对任何人，学员们可以根据自身实际进行反思，而没有任何压力。

之所以这么说，一方面是因为人们平时太忙，没有很多的时间进行思考；另一方面，自己不可能亲身遇到很多问题，通过授课讲述的例子能够让自己未雨绸缪，避免踩坑。

作为讲师，笔者深有体会。每次讲授课程时，都会引起学员们的反思。

记得在一次讲授《高效能管理》课程后，一位学员写下这样的课后感：

"通过您一天的授课，我感觉到自己的思维被打开，心灵被洗礼。老师讲课的同时，我在自我反思、自我总结、自我剖析，查找自己工作生活中的不足。同时自己暗自找差距，设定目标，并下定决心，今后的工作生活中，要按着老师讲的方法，逐一改正自己存在的问题弥补不足，要成为践行箴言的载体，也希望因为我们的践行能够得到更好的传承。

希望我们每个人能有该有的样子，面对人生使命引领，欣然前行，充分聚焦，自我管理，有效对标，复盘总结，最终成长为自己理想的样子。把所学到知识应用到实际工作中。"

——RL

看到学员的课后感，尤其是看到他们的自我反思，令笔者很欣慰。笔者通过跟踪研究发现，凡是能够认真写出课后感的人，往往是那些进步很快的人。

现在回想起来，几十年的工作经历，笔者自己真正写过课后感的次数屈指可数。然而，恰恰是这屈指可数的几次，让笔者受益匪浅。这其中包括"高效能人士的七个习惯""六顶思考帽"等课程的课后感。

抓住自我反思的机会，从上课开始。上课后，记得写出你的课后感。

2. 读书时

许多人喜欢读书，有的人喜欢读小说，有的人则喜欢读一些正能量或励志类的书籍，为的是能从中汲取经验和力量。

最能达到自我反思效果的是在看书的同时进行自我反思，以及在看完后写读后感或记录书中金句的时候进行自我反思。这是一种有效且快捷的自我反思方式，属于及时反思和事后反思。

其中，写读后感是难得的自我反思机会。因为一生中这种机会并不多。

一位读者在读完笔者的《思考+：6 种力量成就更好的自己》一书后，写下这样的一个读后感：

遇见下一个全新的自己
——《思考+：6 种力量成就更好的自己》读后感

读完这本书，仿佛跟随黎雅老师的步伐一同经历了一场精彩的人生旅途，让人彻悟。黎雅老师综合自己丰富的人生体验和毕生所思提炼总结了一整套理论和一个个有效的方法，帮助我建立了思想和行动的理论框架，教会我在人生道路上如何思考和抉择。

在接触黎雅老师的思考理论方法之前，我的人生可以说是跌跌撞撞走来的，好像从来没有规划过未来要做什么，一直都是跟随着周围的同龄者上小学、中学、大学，学校教什么我学什么。选专业、选职业等几次重要的人生选择也都是到了关口了才仓促选择走哪条路。这样的人生一直都是被动地让外界的节奏来带动自己的生活，而没有以目标为导向去主动塑造人生的精彩。这样的结果是每当遇到关键节点时自己就会非常犹豫踌躇，总想有一个最好的抉择，但又没有一套成熟的理论体系来指导自己如何抉择和放弃，从而每次都非常痛苦，渐渐地就开始排斥选择。所幸遇到了黎雅老师的思考理论，帮助我逐步建立起了人生规划的框架，也让我有了决策的理论基础，对自己的发展道路也逐渐开始清晰。

黎雅老师在书中总结了一个特别有趣的情形："有的人认为做某事好，而有的人则认为做某事不好，认为做某事好的人往往没有思考太多，他们会就事论事，主要看到事情的表面；认为做某件事不好的人则思考得更多，他们的结论背后有许多逻辑支撑其做出这样的判断"。这一点我非常认同，从人类社会角色的金字塔分工层次也可以看得出来，塔尖的人知道如何分析做事的利弊，负责决策；中间的人不关心如何决策，只等决策后去筹划推动；塔底层的人既不关心决策也不关心筹划，只负责具体的事务。塔尖的人最不容易被替代，社会分工中回报也是最多的。所有的从业者在刚从学校毕业入职开始都是在一个起跑线上，而那些善于思考谋划、充满创新意识、将工作处理得井井有条的人，逐渐脱颖而出，不断被赋予重要的领导职责。是思考让人逐渐成长，脱颖而出，产生差距。"不谋万世者，不足谋一时；不谋全局者，不足谋一域"，可以说，懂得思考和谋划是成就一切的基础。

所有人都赞同"勤于思考"，每个人也都想让自己成为一个"善于思考"的人，但可能很多人都苦于不知道该如何思考。遇到一个问题，应该从哪些维度、考虑哪些因素，应该看重什么、放弃什么，黎雅老师的这本书就帮助大家建立了这一套思考的框架体系。

首先想给大家分享黎雅老师倾注思考了 16 年形成的一个理论方法，人生选择五法，即：想做、可控、持续、有益、传承。这个理论是自我人生价值观和规划发展的基石理论，可以伴随终身使用，无论是职业规划、求学奋进、发展兴趣爱好、教育子女等情景下，我们都可以用"人生选择五法"来规划自己人生的大框架。

然后就是本书中讲到的思考的六种力量：认知力、规划力、情绪力、敏捷力、决策力、行动力。这六种力量既是思考带来的成果，也是思考所经历的阶段。要想做成一件事，无论你有意无意的，总是会贯穿这六个阶段、使用这六种力量。可以观察一下身边的成功人士，他们肯定是会拥有这其中的几种力量特质，而我们如果遵循黎雅老师的指导，通过日常的思考和行为习惯来拥有这六种力量，我相信终究会成为一个非常优秀的人。

书中有很多金句和方法，如果能时刻铭记和遵循，你就会成为一个有特质的人。下面分享几个给大家：

"停止纠结和无休止的争论的关键是以原则为中心。其核心是先思考再行动，在行动前制定自己的原则。"

"一个能够停止忧虑的人往往是一个有自己的妙招的人，或者说，是一个已经找到自己特有方法的人。"

"充分利用每日的 3 个"黄金 3 小时"，做与工作目标和人生目标相关的事；有效安排每日的 4 个"碎片化时间段"，做与身心健康和自身修养相关的事。"

——YL

《高效能管理思考与实践：108 字箴言》读后感

读完这本书，有一种思维被打开，心灵被牵引的感觉，之前借口没时间、不敢想的念头在过程中会一个个跑出来，这真是一本让人阅读中充满激情，阅读完想要立马开始行动的好书。书中详述了黎雅老师多年在职业生涯，个人生活中成长经历的所感所得。让我们感受到一个有趣的生命扑面而来，她高效、优雅、富足，愿意做帮助他人成长的贴心人，愿意帮助更多人开启高效能管理生活和工作的模式，开启思考与实践之旅。

同样作为《高效能人士的七个习惯》的践行者、传播者，我发现七个习惯是本书的内核，本书通过渐进的、结构化的内容牵引我们形成一个自我发现、自我成长、自我管理的循环，这种循环我称其为"构建自我秩序之旅"，其中有思维秩序+行为秩序+人生路径秩序，是帮我们可以更专注、更高效的指导手册。

黎雅老师通过 108 字箴言，结合自己的实践，把"如何高效的管理与实践"讲述的淋漓尽致，书中内容如一根串起人生事件的珍珠细线，让我们以旁观者的身份观察 108 字箴言在情境中发挥的作用。书中自我总结、自我剖析、自我超越并存，使阅读这本书变得非常有趣，作为读者我感到 108 字箴言离我并不远，是实实在在的，而且就在我们身边。108 字箴言的载体就是我们每一个个体，它会因为每一个践行者而更鲜活，也因为践行者能够得到更好的传承。

希望我们每个人读完这本书都能有该有的样子，面对人生使命引领，欣然前行，充分聚焦，自我管理，有效对标，复盘总结，成长跃迁，最终成长为自己理想的样子。"

——LM

之所以分享这 2 个人的读后感，是因为他们是非常善于自我反思的年轻人，也是同龄人中的佼佼者。

请回想一下，你曾经写过读后感吗？写过几篇？

写读后感是很好的能让自己反思和沉淀的机会。

抓住自我反思的机会，从读书开始。读完一本书，请别忘了写一篇读后感。

3. 写总结时

写总结是职场的人们必不可少的一件事，尤其是写年终总结。写年终总结的时候是最能进行自我反思的时候。因为，在繁忙的工作之后，你终于有时间坐下来认真的进行思考与反思了。

尽管写年终总结无一定之规，但通常，年终总结会包括至少 4 个部分：（1）工作回顾；（2）工作体会；（3）工作中存在的不足与需要改进之处；（4）下一步的工作思路。

其中，思考工作中存在的不足与需要改进之处是自我反思中的最重要部分。

很多人经常会对写年终总结敷衍了事，这无疑等同于放弃了认真自我反思的机会。然而，有些人却很重视写年终总结，把它当成了进行总结、思考和自我反思的机会。

一位做采购管理的管理人员曾经在述职报告中写道：

回顾 2015 年的工作，认真反思，觉得还存在一些问题，需要不断改进，包括：（1）某领域采购存在较大风险，需要加大力度制定相关制度和规范；（2）电商采购还有 2 个省未真正启动，需要进一步推进解决有关问题；（3）各省还存在采购需求准确率低，导致某些品类执行率较低、份额调整频繁等问题，需要推进各省加强需求管理；（4）各省仍然存在供应商借货、二次谈价等影响集团集约效果的问题，需要出台新办法堵塞漏洞；（5）仍然存在省公司反映效率低的问题，需要进一步推进框架加订单采购，加速框架上线时间，努力提高合同签署效率；（6）采购辅助系统有些功能使用起来还不够方便，需要进一步优化等。

工作一年，如果没有对一年工作进行事后反思，下一年很难取得长足进步。肯定地说，下一年的行动不会有太多改变。

写年终总结是最好的自我反思机会。

4. 出现问题时

有些人在经历事情后不会马上反思，或懒于反思。当他们想反思的时候，事情已经过去了一段时间了，有很多细节也记不清楚了，触碰的点也找不到了。

然而，有些人在经过事情之后，会马上进行反思，并努力形成自己的感悟。

一个30多岁的年轻人，在经历了一些工作和生活困扰之后，结合自身实际进行反思，形成了自己的反思，并且实践证明对她是受用的。她把这些反思称为自己的"金八条"：

（1）自己是自己最好的心理医生，因为只有自己最了解自己。

她曾经为自己的身体担心，整天觉得自己的身体出现了大问题，尤其当她的爷爷和舅舅先后去世之后，她每天都提不起精神来。于是，她去看了心理医生，然而，她发现心理医生不可能知道她的全部所思所想，因此，给出的建议只能作为参考。最终她发现还是要结合自己的实际，靠自己才能真正走出低谷。

（2）累的时候，不要琢磨事情，因为那时琢磨出的事情经常是臆想的或虚构的。

她说自己越是在累的时候，越爱琢磨事情，尤其会把很小的事情无限放大，把事情的结果想的很坏，让自己深陷苦恼之中，不能自拔。然而，事情过去之后，几乎她想象的事情没有一个真实发生，她这才意识到，其实很多情形都是自己的想象。

（3）很久以前发生的事情，就让它过去，不要总是回想，因为回想的事情通常已经不是100%可以确定的了。

她有的时候会回想以前发生的事，认为自己写的东西不对、说的话不对、做的事欠妥等，会抱怨自己，可能就是因为这些小事已经给自己造成了不可挽回的影响。经过一段时间后，她发现事实并不如此。毕竟一个人的记忆力有限，不可能记住所有细节，更何况过了较长时间之后更是如此。

（4）当不确定不好的事情是否发生时＝肯定不会发生。

她总是愿意提前思考事情可能发生的不好的结果，也许从思考的角度讲是好事，她属于爱思考的人。然而，经历了一段时间后，她发现不好的事情并没有发生。于是，她意识到，提早思考不确定的事情的结果是无用的，浪费了许多时间和精力。

（5）对于不好的事情想过一遍就行，想第二遍就是在浪费（耽误）生命。

她喜欢对于已经发生的不好的事情反复想，伴随着是不断后悔，甚至对自己的不断否定，对自己的自信心以及对自己的成长起到了制约作用。于是，她开始向前看，努力忘掉不好的事情本身，让自己有更多的时间专注未来的事。

（6）即使你听到、看到和感受到的，与事实也可能不符合，因为你可能不知道其背后的东西或产生的原因。

　　她喜欢观察人和事。之前，她经常会根据事物的表面现象进行评判。例如，她看到一个同龄女生已经到达了很高的领导岗位，起初感觉自己很失败。随后，她意识到，其实她们的追求是不同的。那位女生追求的是事业发展，而她追求的是梦想和生活。

　　（7）你对别人好，但不要期望别人也对你同样好。

　　她对人很好，通常在别人需要时会第一时间给予响应。例如，别人给她发信息或邮件，她总是会第一时间回复。起初，她认为别人也该如此，然而，结果并非如此。随后，她意识到，每个人都有自己看重的事。你所看重的，未必是别人看重的。

　　（8）只有在与某个人打过交道后，才有可能对此人有个基本认识，否则，无从判断。

　　她过去经常通过外表对人进行判断。然而，当真正与某些人打过交道后，她发现，有的人并不是她之前认为的那样，甚至相差甚远。随后，她意识到，不要轻易对人作出评价，只有当共同经历过某件事之后，才有可能作出相对客观的评价。

4.5　基于觉知的反思才是有意义的

有不少人认为自我反思就是自己随便想一想，不需要结合自身实际。其实，这样的反思是徒劳的，是对未来起不到效果的，是没有意义的。实际上，真正有意义的自我反思应该是结合自身实际的。

那么，如何才是结合自身实际呢？重要的是要对自己有觉知。只有基于觉知的反思才是有意义的。因为，有了觉知，当自我反思时，才会真正触及到自己的内心，才有可能得到自己进一步的反思。如果没有觉知，只会随便想一想，不会往心里去，因此不会形成反思，更不会指导行动和发生改变。

有个初中生 R，在初中时，有一天上英语课，老师开始讲一周前的英语考试试卷。上课之前，同学们都拿到了自己的试卷，唯独他没有拿到。于是，R 心里开始打鼓，觉得老师讲的每一道错题都是他犯的错。令我没想到的是，当老师把卷子还给他的时候，R 看到自己试卷的分数是 A-。据老师说，R 是那次考试中成绩最好的。也就是从那时起，R 意识到，他的记忆力没有那么好，尤其是对于发生过的事很容易忘却。基于觉知，他在之后的工作和生活中，开始有意识地记录所发生事情的细节，并最终形成了习惯。

有一个与之相反的例子。

有个参加高考的学生 N，在她高考试题标准答案时，已经过去了几天，她开始凭着记忆给自己估分，令人不可思议的是，分数出来时与 N 自己的估分只相差 1-2 分。从 N 的自我觉知来看，她对之前发生的事情能够记忆犹新。从此以后，她在描述之前发生的什么事时，别人都会相信。一路走来，N 现在已经成为一家公司的 CFO。

　　有意义的反思应该是能够触碰到自己内心的反思。没有真正触动到内心的反思是无意义的。

4.6 拥有属于自己的人生感悟

不要盲目接受别人的意见，要独立思考并形成自己的见解。

人们往往通过自我反思得到自己的感悟，其中最多的且有用的感悟当属人生感悟。

人生感悟通常会涉及很多方面。

对人生产生重大影响的感悟主要来自于 4 大方面：使命、选择、行动、命运。

这些感悟包括用自己的话概括出的反思，同时也包括自己认同且坚信的名言。

4.6.1 关于使命，有自己的人生追求

人生的意义在于找到你的使命，并全心全意地追求它。

记得第一次接触个人使命宣言是在 2000 年 8 月，在《高效能人士的七个习惯》的课上。当时，教授让大家从以下 4 个方面思考自己的使命宣言：

（1）有哪些东西是我珍视并想拥有的？

（2）我究竟是什么样的人？

（3）有哪些品格是我想拥有或效仿的？

（4）我想为社会创造什么财富，留下什么传承？

正是这 4 个问题让笔者对自己的人生进行了深刻反思。经过 20 年的学习，我坚持对个人使命宣言提出的问题不断进行自我反思、思考与实践，终于在 2016 年明确了自己的使命宣言——做一个有传承的人。从那时起，这个使命也成为了我的人生追求，并且再没有停止。

使命宣言，从某种程度上讲，是对人生的最大感悟。越早拥有自己的使命宣言，生活过得越有滋有味。

拥有使命宣言有 8 个益处：

（1）激励你更深刻地思考你的人生；

（2）督促你反躬自省；

（3）帮助你看清什么对你是最重要的；

（4）开阔你的视野；

（5）使你牢记自己的价值取向与目的；

（6）给你提供方向，帮助你明确价值观；

（7）让你每天朝着长期目标努力；

（8）是你对人生预期结果的第一次心智创造。

4.6.2　关于选择，有自己的原则

生活就是一系列的选择，我们选择采取的每个行动都会影响我们的未来。

人生是一种选择，人生目标是选择的结果。不一样的选择会有不一样的结果。

做选择前必须明确原则。

明确原则是指以原则为中心，它能让你不再纠结，让你能快速做出选择。明确原则的关键是先思考再行动，你最好在做事前列出自己的原则。因为原则是你事先思考的，因此，你心里会比较清楚知道自己最看重什么，最需要什么，使得你在办事或需要做出选择时，会遵循自己的原则毫不犹豫地做出判断，从而使你做事的效率更高、效果更好。

关于原则，人们可以通过不断问自己2个问题获得：做这件事最看重什么？做这件事想要什么样的结果？

毕竟，人的时间和精力是有限的，应该尽可能选择可以相互借力、相互促进，以及对之后发展有帮助的事情去做。也正是基于此，笔者找到了自己的人生选择的原则，即前面提到的"人生选择五法则"。在每次需要作出重大选择时，笔者都是按照这个法则做出的，例如，是否自己开公司、是否做直播、写什么样的书、有什么样的爱好等。

4.6.3 关于行动，有可感知的输出成果

行动是成功的关键，行动是实现梦想的桥梁。

行动需要有目标。没有行动，目标永远不会实现。没有目标的行动，就是盲目行动，就不会有好结果。有目标，没有快速行动，会错失良机，进而得不到想要的结果。唯有行动才能改变

命运。

　　行动的目的就是要输出成果。这是笔者在几十年工作中得到的重要感悟。

　　之前，笔者做事情，都是领导让干什么就干什么，自己从来没有想过想要留下什么成果。要知道，如果想要留下东西，你就会全力以赴把事情做好，而不是敷衍了事。然而，如果只是想着把事情做完、早点交差，最后可能会出现问题，甚至会被更好的东西取代，你之前做的东西不再被提起或使用，让你失去成就感。直到多年后，笔者在每次做事时都会先确定做这事想要输出的结果是什么，如果布置工作，也是会明确说出希望得到的成果是什么，以结果为导向。如果没有结果输出，就无法体现你的工作成果。正是因为自己是以成果为导向的，尽管现已经退休，但是自己的成果仍在被使用。这种成就感带给人的是幸福感。

　　有许多人在工作中不重视成果的输出，结果许多年过去了，回想起自己为企业做出过什么贡献，却很难说出。因此，工作中做任何事情需要以结果为导向。领导布置任务后，自己知晓需要输出什么样的结果，比如研究报告、管理办法、系统框架、流程、商业计划书、行动方案、总结报告、会议发言稿等。

4.6.4　关于命运，活出自己的人生意义

　　山姆·史迈尔说过一句十分经典的话："播种思想，收获行动；播种行动，收获习惯；播种习惯，收获品格；播种品格，收获命运。"

我很喜欢山姆·史迈尔的这句话，同时，也相当笃信。一直以来，笔者将这句话作为了自己的行动指南，并且取得了较好的效果。笔者用自己的亲身实践，一次又一次地证实了这句话绝不是一句鸡汤，而是很有意义的感悟，是切实可行的，让人受益匪浅。

可以说，在 20 多年的实践中，笔者的命运也得到了改写。原来我只是一个跟着感觉走的人，没有什么追求。2016 年，笔者有了自己的人生追求——做一个有所传承的人，并且说到做到。例如，截至目前，笔者正式出版了 6 本著作，包括《66348，女儿成长密码》《职场感悟：写给初入职场的人们》《采购那些年 采购那些事》《人到中年 依然如华》《高效能管理思考与实践：108 字箴言》《思考+：6 种力量成就更好的自己》等。

4.7　结语：自我反思的人会更快地成长

真正的成长来自于我们对自己的探索和领悟。当我们能够真实地面对自己，并从中获得深刻的领悟时，我们才能实现真正的自我成长和改变。

自我反思是我们成长的桥梁，它可以帮助我们了解自己的弱点，并找到改善的方法。

每个人都应该时不时地停下脚步，反思自己的思想、行为和目标，这是持续成长的关键。

真正的成长来自于持续不断的自我反思。

自我反思对于个人成长和发展相当重要。通过深入的内省和反思，个人可以审视自己的行为、思维和信念，找到改进的机会，并在个人和职业生活中取得更大的进步。

自我反思是采取下一步行动的基础。没有自我反思，就不可能有下一步的行动。

自我反思会带来很多好处，主要有 5 个：

（1）得出一些有价值的结论；

（2）及时发现自身问题；

（3）及时找到调整自己的方法；

（4）避免犯同样的错误；

（5）不断以新姿态出现或展现。

　　自我反思是一种积累。养成每日自我反思的习惯，会对成长大有裨益，会让人后来者居上，厚积薄发。

第 5 章

自我调节

——成为有秘方的自己

自我调节是自我管理的有效手段之一。它更像是一个调节器。

自我调节是指在因遇到困境而心情不好时，能凭借自己的方法（"秘方"），及时调节自己的心态，采取必要的行动，让自己快速摆脱困境，保持身心健康。

你是一个有自我调节的人吗？请首先根据表5-1进行自测。

表 5-1 自我调节自测题

序号	自 我 调 节	是	否	导读
1	你在心情不好时，能很快转移注意力，做自己喜欢的事			5.1~5.5
2	在遇到挫折时，你是否能忘却过去，向前看			5.1~5.5
3	在遇到不好的事，你会给自己找到有价值的出口			5.1~5.9
4	你有过把坏事变成好事的经历			5.3
5	你是否会把问题磨练当做成长机会			5.5
6	你是否能结合自身实际换个角度想问题			5.1~5.6

序号	自 我 调 节	是	否	导读
7	你是否有自己的到此为止原则			5.10~5.17
8	你是否看重自己的身心健康			5.4~5.13

请统计一下你回答"是"的条数。

如果你有 1~3 条，说明你有自我调节的意识；如果你有 4~6 条，说明你已经有自我调节的方法或原则；如果你有 7~8 条，说明你是一个自我调节的人，并且已经付出了行动或取得了成效。

如果你有 0 条，请从 5.1 开始依次阅读。

如果你有 8 条，你可以不看 5.1~5.4，直接跳到 5.5 和 5.6 结语部分。

如果你有 1 条以上的"否"，建议你阅读其相应的章节，具体章节详见表 5-1 中对应的导读项。

每个人都有心情不好的时候。

心情不好的原因主要来自 8 种困境：

（1）生活压力大；

（2）与人相处不融洽；

（3）身体出现问题；

（4）家中出现变故；

（5）遇到难题；

（6）达不到预期目标；

（7）得不到领导认可；

（8）缺少幸福感。

　　无疑，这些情形都会对人造成困扰，让人陷入困境，使人心情变糟。说到底，心情不好都是因为事态发展不如所愿造成的。

　　《领袖的风采》[10]一书中提到，"改变不了环境，就改变自己。改变不了过去，就改变现在。改变不了事情，就改变心情。"

　　因此，要想获得好心情，需要自我调节。

　　自我调节是一种能力，是一种自我修复的能力，同时也是一种反弹力。

　　每个人其实都有自我调节的能力，只是很多人没有特别关注它罢了。生活中，有些人一路走来很顺，没有遇到过什么挫折，因而他们不清楚自己到底有怎样的自我调节能力；有些人遇到困境很难走出来，在很大程度上，因为他们没能开启自我调节模式。

　　相反，有些人具有较强的自我调节能力。他们在遇到人生重大挫折时，没有倒下，而且越战越勇。他们可以很快调整心态，从低谷中迅速走出来，甚至他们可以很快又能达到另一个顶峰。这些人往往是成功人士，他们具有很强的反弹力。巴顿将军说过："衡量一个人成功的标准，不是看这个人站在顶峰的时候，而是看这个人从顶峰跌落低谷之后的反弹力。"具有反弹力的人往往具有较好的自我调节能力。

　　自我调节的关键就在于要找到属于自己的"秘方"。自我调节的结果是获得好心情。

　　我们知道，许多人在遇到困境时，不是习惯于凭借自己的努力来调整自己的心态，而是希望别人拉自己一把，试图靠外力来帮助自己解决问题。然而，这样做往往是徒劳的。事实告诉我们，靠外力也许能暂时缓解心情，但却不能彻底解决问题，同时心情还会时好时坏。

任何靠外力的方法都不如靠自己来得快且有效。自我调节需要改变心情，而不是缓解心情。真正走出困境需要靠自己，因为只有自己最知道自己出现问题的症结在哪里。你需要找到自己的秘方，并对症下药。

要想获得好心情，首先需要有 4 个认识：

（1）别人救不了你，你需要自救；

（2）抱怨无济于事，只会让你陷入泥潭；

（3）逃避无法真正解决问题，你需要想办法面对；

（4）你需要找到自己的释然点（方法）。

只有当你有了这样的认识后，你才会真正愿意去寻找并找到属于自己的化解原则。书中，我分享了 17 个化解原则。让我们先从认识自己开始吧。

5.1 别人救不了你， 你需要自救

近些年来，我们经常听到企业关于自救的例子。例如，华为、新东方等公司，在遇到艰难困境时，都是通过自救开启了新篇章。

企业如此，个人亦如此。

卡尔·荣格说过，"只有自己才是自己的拯救者"。

最著名的关于成功实现自救的故事是美国著名盲聋作家海伦·凯勒。海伦在一岁多时，因疾病变成既聋又盲的残障孩子。在后来的日子里，海伦在其家庭教师的鼓励下，凭借着自己的努力和毅力，先后学习了英、法、德、拉丁、希腊五国语言，最后成为了一个演说家、作家，出版了 14 部著作。

现实生活中，也有很多自救的例子。记得在 2023 年 5 月 12 日汶川地震 15 周年之际，有一部汶川地震亲历者合拍的纪录短片，讲述了许多浴火重生的感人故事，令人记忆深刻的是廖智的故事。地震前，廖智曾是少儿舞蹈老师，她在汶川大地震中失去了小腿，失去了女儿，丈夫也离开了她。地震后，她不想放弃舞蹈，于是，她戴着假肢开启了自己新的人生，并成功实现了自救。2013 年，也就是 5 年后，她获得《舞出我人生》亚军，一曲《废墟上的重生》伴着轮椅上的舞蹈，感动并折服了所有人。同年，她的书《廖智：感谢生命的美意》[11] 出版。2014 年她出演电影《深情约定》的女主角。

面对困境，只有自己最知道需要什么，别人无法揣测。

作为讲师，笔者希望学员们能够吸收我讲的所有方法和知识点，然而，笔者发现事实并非如此。每个人对讲授内容的吸收程度是完全不同的，虽然讲的内容是同样的，但是，能够触碰到每个人内心的点却是不同的。这让笔者深刻意识到，讲授的内容也就只是一面镜子，每个人所吸收的东西就是他们当下最需要的东西，他们会结合自身实际，找出最能打动他们的东西。原来笔者认为，感触越多越好，实际上感触多的人未必能够将学到的知识用于实践，有的时候只是感悟而已。倒是只感悟到某一个或几个点的人，因为这些点真正能够触碰到他们的内心，反而对他们帮助更大。

5.2　抱怨无济于事，只会让你陷入泥潭

生活中有很多人习惯于在遇到困境时不停地抱怨，而不是积极面对。

威尔·鲍温在《不抱怨的世界》[12] 一书中曾经提到："你对别人（包括自己）的抱怨从来都无法带来积极的改变。""在抱怨的时候，你其实是在排斥那些你期待、渴望的东西。抱怨让你亲手送走那些你声称想要拥有的东西。"

罗宾·柯瓦斯基博士曾指出，抱怨有五个原因：

（1）寻求关注；

（2）推卸责任；

（3）引人艳羡；

（4）操纵力；

（5）为欠佳的表现找借口。

其中，推卸责任和为欠佳的表现找借口的行为普遍存在。

喜欢抱怨的人往往愿意将自己的不快归咎于其他人或事，而不愿意从自己身上找问题，更不可能凭借自己的努力解脱出来。

抱怨往往会带来许多问题，其中，主要会带来 4 大问题：

（1）浪费时间；

（2）不解决问题；

（3）增加烦恼；

（4）充满负能量。

工作和生活中，有这样一些人，他们总是在抱怨：工作不好、领导偏心、别人不配合、工作太累、家务负担太重、收入太少、环境不好、资源不够、机会太少等，他们会把自己的一切不如意都推在别人身上，会找出各种借口。久而久之，抱怨的人会失去他人的信任，从而失去更多机会，形成恶性循环。

遇到困难时不要抱怨，既然改变不了过去，那么就努力改变未来。

5.3　逃避只能一时，无法真正解决问题

逃避是暂时的解脱，解决问题才是真正的解放。

逃避是指遇到困境时努力不让自己去想或不愿意谈及事情本身，然而，思维是不受控的。逃避只能一时，不能一世。

生活中，许多人在遇到困境或问题时选择逃避，而不是想办法积极面对。

逃避往往会带来 3 大问题：

（1）问题仍然没有得到解决；

（2）失去改变心情的机会；

（3）会再次遇到同样问题。

有一位女士，她的丈夫英年早逝，让她痛苦不堪。因为她与丈夫感情很好，丈夫走后，她迟迟走不出来，只能白天靠刷手机和大量做事情来充实时间，然而，一到夜里，她经常会回想起与丈夫的点点滴滴，常常以泪洗面，难以入睡。这样的状态持续了一年多，直到她想通，并开始真正面对现实。她说，她丈夫的遗愿是希望她之后能好好生活，并能帮助自己的孙女快速成长，于

是，她开始转变心态，把自己的注意力全身心地转移到自己的身心健康和陪伴孙女上，终于家人们看到她又重新回到了正常的生活轨道。

5.4　找到属于自己的释然点

释然不是指放弃追求，而是指学会接受一切，并在其中找到自己的平衡与安宁。

由于每个人所站的角度以及所看重的东西不同，因此，当遇到困境时，能让自己快速解脱出来的点就有所不同。找到释燃点或释然方法，才可能采取下一步行动。

我们时常看到这样的情形，有些事对于有的人来说根本不是事，而对有的人来说却是天大的事。例如，有些人把升职看得很重，没有升职他们就会很郁闷，然而，对于有些人把有质量的生活看得很重，因此，他们不会把升职这件事放在心上，甚至不会主动要求加班，也不会要求做更多的事。

释然点是指某一点，正是你看重或想要的点，或者正好不是你所看重或想要的点，可以让人解开心结，轻装前进。

在工作和生活中，遇到困境时，如果你能找到这样的点，那么，你就可以释然了。

有的时候，你的释然点往往是你的生活重心。

如果一个人，他的生活重心是追求生活品质，而另一个人他的生活重心是追求工作品质，那么，追求生活品质的人当看到追求工作品质的人不断在升职时，不要羡慕，因为时间和精力有限，追求工作的人不可能有时间和精力去享受生活。这时，只需说一句："他（们）的生活方式不是我想要的。""我有自己的生活重心。"

有的时候，你的释然点就是一句能够打开你心结的话。

作为母亲，笔者在每次与女儿沟通时，会说很多话，尤其是在她遇到困境时。然而，笔者发现，我所说的话并不都能对她产生作用，尽管笔者认为有些话十分重要，但有的时候女儿对此好像并没有太多感觉，而她更在乎的是那些对她当时所处的困境有帮助或启发的话。有好几次，笔者发现，只是其中的某一句话才会特别触动她。甚至有的时候，我们聊了很多，却始终结束不了对话，直到笔者说出了一句特别能打动到她的话才算为止。笔者很感谢女儿，她每次会告诉笔者，是我的哪句话对她有启发作用。当然，具体该如何去做，她会结合自身实际情况，利用自己的方法去采取下一步行动。这也让笔者意识到，其实别人的话只是用来作为参考的，你需要做的是，结合自身实际做出判断或选择，并找出自己特有的方法，采取必要的行动。

人都有自己的释然点，只是人们没有关注它罢了。释然点往往是以化解原则为基础的。坚守自己的化解原则，你就会很快找到出口，让自己释然，拥有好心情。

相信你已经对笔者上面提到的4点认识有了初步了解，接下来你需要做的是，找到属于自己的"秘方"，即找到属于自己的化解原则。

5.5 有属于自己的化解原则

每个人都有自己独特的方式来调节自己，重要的是发现和发展这些方法，并运用到自己的生活中。

笔者将分享 17 个行之有效的化解原则，其中涉及了工作和生活的诸多方面和场景，希望能助你找到真正属于自己的化解原则。有些原则看上去相似，然而其所涉及的内涵或适用的场景不同。

5.5.1 换个角度看问题

每个人看待事物的角度都是不同的。当你愿意换个角度看问题时，你会发现世界充满了无限的可能性和创造力。

任何事物都有两面，有容易看到的一面和不容易看到的一面。你所看到的一面可能与你没有看到的一面截然不同。

同样的事情、同样的地方、同样的任务，但你若从不同的角度、不同的观点、不同的心情去看，便会得到不同的结论。

举一个简单的例子：一个圆柱体，如果从正面看过去，是一个长方形，如果从侧面看过去，则是一个圆形。说明，换个角度看问题，得到的结果是不同的。

在工作中，许多人愿意做短平快的事，因为容易快速看到成绩。他们打心眼里不愿意做难事、打基础的事，或者是要花上几年功夫才能完成的事。因此，当领导交给他们需要较长时间才能完成的工作时，他们会感到郁闷，感到不爽，认为领导是在刁难他。实则不然。其实，领导让你做需要较长时间才能完成的事，往往是大事、重要的事，同时出自对你的信任和对你的培养。因为，做难事以及花长时间才能完成的事更能留下成果、留下传承。相反，急事和短平快的事更容易出现纰漏，也许当时所做的事很出彩，让人很风光，然而，因为没有留下传承导致之后再无人问津和提起。所以，在工作中，笔者会主动选择需要时间才能完成的工作，例如建章立制、系统建设等。也正因为如此，笔者现在仍然对工作中自己曾经做过的事感到自豪，因为其中许多成果目前仍然对企业起着重要作用。

5.5.2 凡事往好处想

凡事往好处想，说明你相信自己的能力，相信一切困难都是暂时的，未来一定会更美好。

每个人都会遇到让自己郁闷的事。因此，有些人会变得越来越郁闷，甚至让自己增添更多烦恼。然而，有些人则不会。他们会凡事往好处想，且能很快将烦恼抛在脑后。

有一个女生，在 2023 年 5 月母亲节前夕，带着自己的母亲去摩洛哥马拉喀什旅游。在要返程前的最后一天晚上，她们第二次去了当地最有名的马拉喀什夜市。在她们逛完夜市回酒店的路上，这位女生在用手机进行导航时，突然，被一个飞快骑着摩托车的人掠走了手机。当时，她的母亲大惊失色，尖叫一声。然而，这位女生却异常镇静。也正是因为母亲的尖叫，引起了路人注意。这时出现了 3 个好心人，一个好心人跑过来说，你应该去警察局报警，因为这条道路上有摄像头，可以调监控。另一个好心人则骑着自己的摩托向抢劫者的方向追去，尽管没有追到。还有一位好心人，也是她们最感恩的，带着她们去了警察局。因为当地人说阿拉伯语，这位好心人当起了翻译，报案完成时已到凌晨 3 点。这位好心人又把她们送到酒店门口后才离开。据这位女生的母亲讲，警察局的人都赞叹这位女生的处乱不惊，跟她母亲说："你应该为你的女儿感到自豪！"事发之后，她的母亲问她，你怎么能做到这么冷静？这位女生说，"每当遇到已经发生或无法改变的事时，她会马上往好处想。"据这位女生讲，当手机被抢那一刻，她首先想到的是手机里的数据该怎么办？她很快意识到数据在云端都有备份，于是，她的一块石头落了地。紧接着，她就往好处想，她一下子说了 3 点：一是她的手机已经用了 5 年，旧的不去新的不来；二是自己人身安全没有受到伤害已属万幸；三是好在护照和银行卡没有被抢，因此不影响旅程。在离开马拉喀什时，这位女生跟她母亲又补充了 2 点，一是感恩此事的发生让她对马拉喀什有了更深入的了解和有了深刻的记忆，包括当地夜市、当地人和当地警察，二是感恩此事的发生让她结识了一个好心人，很巧的是这位好心人还是自己的同行。母亲听完，对她女儿的心理素质感到十分惊讶。据说，这位女生回到家，再也没有提起过被抢这件事本身，反倒时常会提起感恩一词。

5.5.3 把坏事变成好事

把坏事变成好事的关键是将坏事作为一次宝贵的学习机会和积累经验的机会，通过反思和成长来转变自己。

每个人都会遇到各种各样不好的事，无论是企业还是个人。笔者把其中可能会对企业或个人产生较大负面影响的事称为"坏事"。

所谓"坏事"可能有4个特点（之一）：

（1）事情已发，不可挽回；

（2）伤害已在，不可弥补；

（3）结局已定，不可改变；

（4）机会已失，不可再来。

在现实社会中，能将坏事变成好事的实例有不少。其中，让人记忆犹新的是华为公司的例子。2006年6月28日，华为公司一名工程师不幸因病去世，年仅25岁。华为公司被推到风口浪尖。然而，华为公司并没有因此受到影响，反而，通过此次事件，加强危机公关，促进华为长期稳定的发展。

其实，把坏事变成好事的真正意义在于，忘却坏事本身及其所造成的伤害，尽快从坏事中积极寻找机会，并能充分利用机会让事态向着好的方向发展。

一对夫妇，有两个孩子，他们很喜欢带着孩子去旅游。然而，新冠疫情的到来以及各国对入境人员的限制，让他们一直未能成行。第三年，在他们全家都感染了奥密克戎之后，他们决定开始出游。在他们看来，这时出游是最安全的，因为全家人此时已经具备了抗体，且至少可以保护3—6个月，同时也是游人最少的时期，因为许多人在此期间都选择放弃了出国旅游。在那段时间，他们开启了国外旅游模式，带着孩子去了冰岛，以及乘游轮到了4个国家。3个月内的两次出国游也成为了他们迄今为止带着孩子游玩最轻松愉快并充满记忆的旅行。

5.5.4　原谅别人，善待自己

原谅是一种解放，它使我们能够从过去的伤害中解脱出来，重新获得生活的快乐和自由。

每个人都会犯错误，或多或少。犯错误所造成的负面影响，或大或小。人们心情不好的情形通常分为两种：一是无法原谅自己所做过的事，长时间陷于深深的自责中；二是无法原谅别人对自己所造成的伤害，包括批评、指责、发难、排挤、打压、恶语中伤等。他们会将伤害他们的人和事永远记在心里，甚至成为了他们人生中过不去的一道坎，每次想起，都是他们永远的痛苦，甚至不能提及。

要想让自己心情好，就要尽早地从自责或痛苦中及时解脱出来。最好的方法就是选择原谅。

原谅别人，让自己解脱。有一点需要认识到：伤害你的人也许从来就没有意识到是他伤害到了你，而你却一直处于痛苦之中，实属不值得。如果你不选择原谅，伤害到的只有你自己。

每个人都有自己的价值观和特点，无论怎样，不要简单把人分成好坏两类。工作和生活中，我们经常会听到，某某某是好人，某某某不是好人，是坏人。然而，判断某个人的好坏没有标准，在某些人眼里，可能 A 是好人，而在另一些人眼里，A 可能是不好的人。正是因为每个人的价值观不同，每个人所做出的事都是由其价值观支配的。在这个社会上，每个人的价值观都不尽相同，导致其追求有所不同、思维不同、行为不同。因此，我们只需要管好我们自己，不需要改变某个人。俗话说，江山易改，禀性难移。

原谅别人，其实是在善待自己。如果不能选择原谅，你将永远不能释怀，甚至影响身体健康。因为每个人所站的角度不同，不需要为别人的价值观买单。

一位作者，当新书出版后，他会关注书评。面对负面的书评，他就会心里不舒服，甚至会睡不好觉。起初他认为，有些评论属于恶语中伤。经历了较长时间，他终于想清楚了，每个人的价值观不同，所站的角度不同，当时所处的心情不同，因此，自己的心情没有必要随着评论好坏而波动，因为这是毫无意义的。他开始调整自己，对于一些诚恳地建议，他会感恩，然而对于恶意的评论，以及对于与书相反或与事实不符的东西，他会一笑了之，并选择原谅。从此，他走出了由负面书评带给他的困境。

5.5.5　把挫折当成锻炼机会

在挫折面前保持乐观和坚定，把它当成成长和进步的机会，会让你变得更加强大和无坚不摧。

每个人都会遇到各种各样的挫折。

与挫折相比，反思问题机会并不是很多。这就需要我们抓住受到挫折的时机，历练自己，让自己有所成长。

把受挫当成猛醒的机会。坊间流行这样一句话，要么在挫折中奋起，要么在挫折中消亡。有的时候，出于对生活和工作的惯性和惰性，人们很少会自我发现问题或发现危机，直到他们遇到大的事件，受到大的挫折为止。也就是说，只有当真正受到挫折时，自己才会突然意识到，让自己猛然醒悟。此时，你要怀有一颗感恩的心，感谢挫折来的早，来的及时，让你能够立刻停下来好好反思一下自己，是什么原因造成了自己受挫，下一步该如何调整自己等。

把受挫当成改变的机会。我们看到，很多人习惯于生活在自己的舒适区里，他们追求的是一种稳定。他们不希望改变。有的时候，尽管自己知道有需要改变的地方，但也会找各种各样的借口推迟改变或仍然保持现状。也就是说，在没有外力推动下，他们根本不可能自我革新，或自我改变。遇到挫折不可怕，可怕的是在遇到挫折之后仍然未有触动和改变。工作中就有这样的人，受挫后仍不能吃一堑长一智，该怎样还怎样。正是因为他们没有把受挫当成改变的机会，也因此再没有机会改变。

把受挫当成识人的机会。一个人受到挫折时是最无助的时候，也是最能识人的时候。因为这个时候，如果你能冷静下来，察言观色，看一下周围人的表现，你会很快发现人的禀性是什么样的：有的人会冷眼观看，有的人会落井下石，有的人会伸手相助等。当你对周围人有了初步判断，你就会在今后的日子里清楚地知道该与什么样的人相处、该怎样相处。久而久之，你会接受各种各样的人或事，让自己的内心变得更加强大。

5.5.6 把解决问题当成乐趣

把解决问题当成一种乐趣，你将变得更加积极主动、富有创造力，会让你有机会享受每一次突破和成功的喜悦。

每个人对待问题的态度是不同的。

生活中，有些人很怕碰到问题。他们一碰到问题就会绕着走，不敢直接面对问题，更谈不上解决问题。其所带来的问题是，他们永远不知道该如何解决这类问题，每当再次遇到这类问题，他们仍会手足无措，最重要的是，他们失去了找到解决问题方法的机会。长此以往，他们很难获得成长。

相反，有些人则从来不怕问题，一旦问题出现，他们会积极面对，会感恩能及早面对这样的问题，以免以后摔大跟头。重要的是，他们会把解决问题当成自己的乐趣。在他们看来，每解决一个问题，他们就会学到一些知识和技能，从而让自己获得更多经验。

我们可以发现，有些 IT 系统维护人员、设备维修人员和检测

人员等都具有这样的素质，还有一些热爱生活的人们，他们乐于
发现问题和解决问题，重要的是，他们会将解决问题作为自己的
乐趣，每解决一个问题会让他们拥有好心情，让他们拥有成就感。
成就感往往来自两个方面。

一是成为行家里手。一个人如果针对某一个方面能做到遇到
问题并积极解决问题，那么，在他面前，什么都将不是问题，而
是收获经验，并有可能成为这方面的专家。工作和生活中，我们
发现，凡是不怕问题且愿意解决问题的人，很快成为能手或专家，
被企业所需要。

二是获得自我成长。一个人如果遇到大的问题，并能从解决
问题中学到知识和技能，那么，这将是一笔财富，而且这笔财富
比问题本身要更具有价值。有的时候，所学的东西让他更有机会
具有差异化优势，并可能厚积薄发。

5.5.7 不在生气的时候做决定

生气只会让你做出草率的决定，冷静才能让你作出明智的选
择。

每个人都有生气的时候。然而，生气的时候是人最不理智的
时候。人们在工作和生活中很容易遇到让人生气的事，有的人因
此暴跳如雷，有的人会因此马上做出决定。

事实证明，凡是在生气时做出决定的人，多数会后悔，尤其
当之后发现因为不冷静而放弃了自己所拥有的东西和喜欢的东西
时，后悔莫及。

那么，应该如何有效面对生气的时候呢？其实，核心是不要针锋相对，因此，需要有自己的原则。

在遇到生气时，可以尝试着用以下 4 个原则，包括：

（1）不说话，保持缄默；

（2）降低语调，心平气和说话；

（3）不说气话，以免伤及他人；

（4）不马上做决定，冷静后再说等。

每个人可以根据自己的情况来设定自己的原则，尤其不要在生气的时候做出决定。

有个同事因为感觉部门领导事事针对他，很生气，马上决定不想在这个领导手底下干了。于是，他向组织提出了调动申请。尽管他调动成功了，然而这也让他失去了很多，包括：（1）失去了原本自己喜欢的工作；（2）失去了原本熟悉的环境；（3）失去了可能的成长机会。造成的后果是：（1）一切需要从头再来；（2）需要适应新的环境；（3）需要建立新的信任等。多年过去了，他也从此淹没在职场中。

5.5.8　为自己找到正能量的出口

当你面对负面情绪时，千万不要沉溺其中，而是要努力寻找能够激发你内心力量的正能量出口。

每个人在遇到烦恼时都希望自己能快速走出来。及时找到正能量的出口是一种比较快捷的解脱方法。

当遇到烦恼时，如果能冷静思考并能马上找出几个正能量的出口，对于摆脱烦恼很奏效。

人们可以经常套用的正能量的出口包括：

（1）今后不会再犯同样的错误，会吃一堑长一智；

（2）幸亏早遇到这种事，不至于今后摔大跟头；

（3）当成锻炼的机会；

（4）当成识人的机会；

（5）当成猛醒的机会；

（6）当成改变的机会；

（7）当成快速成长的机会等。

如果你在遇到烦恼时，能够套用到其中一点，也许会对你有帮助，不妨一试。

有一位母亲，她女儿的生日是在 8 月中旬。有不少人会为自己的孩子能赶上 9 月 1 日上学而感到庆幸，这位母亲则不然。在孩子 6 岁的时候，她毅然决定，让女儿晚一年上学。尽管家人都在劝她，然而她给自己找了一个很有价值的借口，说晚一年上学会让孩子有更多的成长机会。据说，这位母亲也是 8 月生日，在她看来，在上学期间，她一直都是班上最小的，因而失去了很多成长机会，以致她的自信心一直没有树立起来。因此，她不想让自己的孩子也像她一样。这个借口让她的父母不置可否。至今，这位母亲仍然认为自己当初的决定是正确的。

5.5.9 不能战胜它，就加入它

如果你无法改变世界，那就适应世界，找到适合自己的位置，并以自己的方式做出积极的改变。

每个人一生中都会不断碰到新鲜事物。例如，新岗位、新工作，以及新技术新业务的出现、手机的更新换代、电脑操作系统的更新、新的应用的出现等新变化都会在开始时给人带来麻烦，甚至带来痛苦。

毫无疑问，我们一定会选择适应环境。"不能战胜它，就加入它"是对适应环境的真实写照。

记得这句话是在 90 年代 Internet World 大会上提出来的。当时Internet 迅速发展，电信运营商们认为 Internet 业务会冲击现有的电信业务，因而，一直反对或试图阻碍 Internet 业务在中国的发展。之后，当运营商们意识到，Internet 发展已经成为历史的车轮势不可挡时，马上积极调整应对策略，主动将自身业务与 Internet 发展有机结合起来，让业务发展焕发出新的生机，从此一发不可收拾，成为了国家高质量发展的主力军。

技术和业务发展如此，个人的工作和生活也是如此。

当你无法战胜，就顺势而为。现如今已经进入数字化时代，没有任何一个技术或业务可以长期持续下去而不作任何更改或改变。尽管很多人不是科班出身，然而，面对这样的趋势，他们不

得不选择让自己投身之中，开始学习新技术、新业务。

有一位 90 多岁的老人，一开始比较抵触学习新东西，但当他发现，学习新东西可以让他脑子更加灵活、减缓老年痴呆时，他开始自学，自己摸索着新系统、新字库、新应用等。这些年来，他一直在使用电脑上网、写书、改稿、收发邮件、保存照片等，并且可以熟练地使用手机上网、查询和浏览各种信息。有的时候，每当看到对孩子们有帮助的信息时，他会第一时间通过微信转给孩子们。还有一点让人感到厉害的是，他还教会了自家的阿姨在电脑上打字、上网等。现如今，不管生活中遇到什么样的问题，他都会自己上网寻找解决问题的方法。而在之前，一旦遇到问题，他会第一时间把孩子叫回去帮助他解决问题。真心为这位老人点赞。

当你无法战胜，更要积极应对。当今社会，随着社会和企业的不断发展和进步，国家或企业会有许多新政策出台。每次新政策的出台，都会伴随一些变化和改变，甚至是翻天覆地的改变。

例如，国家出台了"双减政策"后，对校外补习机构造成了毁灭性的打击。面对打击，许多校外培训机构开始了各自的转型之路，新东方就是其中之一。令人惊讶的是，新东方培训在遇到政策变化时，及时调整了发展策略，推出东方甄选，结合自身的优势，让直播带货与众不同。他们利用教学优势，推出董宇辉，直播中赋予英语学习和知识点讲解，让直播变得更有价值，也让新东方快速走出低谷，并华丽转身，打了个漂亮的翻身仗。

生活中，每个人都会面临衰老的问题，表现尤其明显的是面部皮肤的松弛和花白头发的出现。迄今为止，没有方法能有效抗击衰老，我们所能做的就是有效应对。例如，开始时，可以通过护肤品减缓皮肤老化，可以通过染发让人看起来不那么老，然而，多年过去，当你发现你所做的努力已经赶不上老化的速度，同时自己的收入已经不足以支撑时，你也就会欣然接受，顺其自然了。也许，那个时候才是你最松弛、最自然的状态。人们最终都会殊途同归，到达这个状态，或早或晚。

5.5.10　有自己的到此为止原则

没有什么比适时停止更重要的了。

每个人都应该为自己设置一个"到此为止"原则。即，当触及到这一点时，相当于触碰了最低点，或是底线，或是你最在乎的点，或是受到了警醒，此时，自己会马上停止烦恼。

每个人针对"到此为止"都会有不同的标准。适合某一个人的标准未必适合另一个人。因此，每个人要结合自身实际寻找自己的"到此为止"的标准。

一个刚开始进入职场的人，总是小心翼翼，生怕自己做错事，甚至经常会对未来的事情提早忧虑。她喜欢会把一个很小的事件无限放大，夸大负面影响，自己吓唬自己，致使自己整天处于紧张状态，满脸愁容，苦不堪言，甚至身体频频出现状况。例如，她在与领导沟通后，会不断地回想自己曾经与领导说过的话，觉得是否哪句话说得不好、说得不对、是否因此给领导留下了不好的印象等，在工作中出现一个小瑕疵时，她也会想"我要被解雇了"。然而她发现，其实，事情根本没有她想象的那样严重，甚至有的根本就没有发生。她之后为自己设置了适合自己的"到此为止"原则，即：不确定事情会发生时就等于事情肯定不会发生。
她说这条原则是受了乔治·库克说过的一句话的启发。库克说：
"几乎所有的忧虑和烦恼都出自人们的想象而非现实。"这个女孩
自从有了自己的"到此为止"原则，在之后的几年里，她像变了
一个人似的，脸上的笑容多了起来，身体状况也好了起来。

　　笔者在做选择时也有自己的"到此为止"原则，即我的人生
选择五法则——想做、可控、持续、有益、传承。凡是不符合其
中任何一项的事，我不会去做。自从有了这个原则，笔者在做选
择时大大提高了效率，也不会再纠结。例如，这几年经常有人劝
笔者做视频直播，然而，做直播对笔者而言，不可控的因素太多，
且不可持续。按照笔者的原则，可控和持续都是本人最看重的点，
因此，当突破了我的原则，我会果断作出决定。

　　有很多人会将"开心快乐""身体健康"作为自己的原则，一
旦发现所做的事违反了原则，就会义无反顾地停止行动。

　　"到此为止"原则应该是可以感知的。相信每个人都会根据自
身情况找出自己的"到此为止"原则。

5.5.11　在接受最坏结果的前提下寻找方法

　　当你准备好接受最坏的结果时，你会发现你拥有无限的力量
去寻找更好的解决方案。

　　每个人都会遇到让自己焦虑的事。越是焦虑，越没有心情寻
找办法。

　　忧虑会毁掉人的思辨能力，让人无法正常思考。但当我们从

心理上接受了最坏的结局时，我们反而能集中思想和精力去解决问题。

然而，许多人在遇到困境时，他们首先渴望寻求别人的帮助，而不是自己沉静下来，去寻找解决问题的方法，还常常表现出发泄、发狂、焦躁不安等情绪，或处于崩溃的边缘，甚至陷于深深的忧虑之中。

消除忧虑的"调节4步法"：

（1）列出可能出现的最坏结果；

（2）假设最坏结果已经发生，思考并找出可能出现的几种情况；

（3）针对每一种情况，努力找到应对方法；

（4）从内心接受最坏的结果。

这个"调节4步法"是笔者自己总结出来的，已经被很多人采用，屡试不爽。

有一位女士，结婚多年，有一个孩子。她跟笔者说，他们夫妻俩经常为一些事情争吵，有的时候，她很想离婚。然而，毕竟还有一个孩子，家里还有许多其他事，想起来都会觉得心烦，理不出头绪。每次见到她，总是满脸愁云。笔者曾经跟她说了我的"调节4步法"。过了好一段时间，当笔者再遇到她时，她跟我说，她应用了我的方法，想清楚了：离婚是最坏的情况，她开始思考如果真离了婚会怎样，并对离婚后可能出现的几种情形进行了冷静思考，对每一种可能发生的情形想好了应对方法。她说，当她想清楚了所有这些，她反倒看开了。如果离婚，她也能接受。从此，她再不惧怕离婚，反而明确自己更看重什么，下一步该如何去做等。可喜的是，她之后的生活更充实了，更有意义了，自己的状态也变得越来越好。

5.5.12 转移注意力，做自己喜欢做的事

每个人在心情不好的时候都有自己的转移注意力方式，只要你去用心找、用心发现，都会找到。

生活中，每个人的转移注意力方式会有所不同。例如，有的人会选择购物，有的人会选择运动，有的人会选择旅游，有的人会选择读书追剧，还有的人可能会选择聊天、听音乐、听书、上网、玩游戏等。

然而，无论你选择什么，只要做某件事真是你喜欢做的事就行。其实，有自己喜欢做的事是人生中的幸事。因为它可以让人有所寄托、有所依靠，能让自己的心情变好起来。

有一个年轻人，每当她觉得工作累、心情不好以及有闲暇时间时，她最喜欢做的事是出国旅游，并将所到之处的美景及特色进行录制和剪辑。同时，她把自己剪辑的视频放在了 B 站上。有人曾经给她提出过建议，希望她出镜以及在视频上配些文字等。然而，在她看来，自己做视频的目的主要有两个：一是放松心情，二是把这些美景真实记录下来，作为给自己的一份永久的记忆。对她来说，做网红和配文字都不是她喜欢做的事，如果去做了，

反而会给自己添加负担，甚至烦恼，得不偿失。

5.5.13 选择放下，让自己轻松前行

学会放下，让自己重新开始，才能真正体验到生命的美好。

每个人都渴望拥有快乐的人生。然而，快乐的人生需要轻松前行，重要的是专注自己喜欢做的事、看重的事、有意义的事。

人生有太多的事要做，总也做不完。然而，人的时间和精力是有限的，在很大程度上，"鱼和熊掌不可兼得"。

俗话说，"有舍才有得"。有些人不懂得放弃，他们什么都想要，结果导致他们什么都没做好，甚至还影响了自己的身体健康。

如果不懂得选择放下，会让人压抑得喘不过气来，让人无法做自己喜欢或更加有意义的事。

选择放下，修养身心。一位在全球 500 强企业做中层管理的女士，由于工作和生活压力太大，她感觉身体不适，最明显的是心脏出现了早搏的现象，而且相当严重，二联律、三联律很多，最严重的时候一分钟能有 20 多次早搏。因为她的工作性质，她始终停不下来，这种情况也一直得不到缓解。因为她很看重自己的身体健康，于是，在思考再三后，她向公司高管直接提出，因为个人身体原因想申请退出管理岗位。当时有许多同事对此很是不解，他们认为退出管理岗位意味着放弃了更多的收入和更好的待遇，放弃意味着犯傻。然而，这位女士义无反顾，见高管一直没有回复，又第二次与高管沟通。当公司高管同意她将申请报告提交上去的那一刻，她彻底放下了心，觉得一身轻松。最令人不可思议的是，那天晚上，她

的早搏奇迹般地消失了。这是关于放下的最好例证。

选择放下，得以重生。接着上面的例子。这位女士之前还有一个角色是企业的内训师，这是她最喜欢做的事之一。但因为工作太忙，很多时候无法满足相关单位关于培训的需求。在她退出管理岗位之后，她开始转而专注培训以及传帮带的事。在退休前的几年时间里，她把自己几十年的工作和生活经验以书的形式展现了出来，并以此为企业开发了几门课程。她的课程一经推出，就受到普遍欢迎。放下，让她有机会开始新的旅程，并焕发出新的生机。退休后，她仍然在培训的道路上前行着。

5.5.14　保持沉默，挺住就是一切

每个人都会有艰难时光，至少有一段。

扶南曾经说过，"每个人都会有一段异常艰难的时光，生活的窘迫，工作的失意，学业的压力，爱的惶惶不可终日。挺过来的，人生就会豁然开朗；挺不过来的，时间也会教会你怎么与它们握手言和，所以你都不必害怕的。"

一个人总有处于低谷的时候，尤其在工作中，或早或晚。然而，每个人面对低谷的态度是不同的，通过研究发现，主要有以下 3 种现象：有的人选择抗争，最后遍体鳞伤；有的人选择沉沦，最后一蹶不振；有的人选择沉默，最后走出低谷。其中，选择沉默并能走出低谷的关键是要挺住。

在困难的时刻，保持沉默，坚持下去，你会发现自己的无尽潜能。挺住就意味着一切。

《洞见不一样的自己》[13]一书中提道："想成为优秀的人，首先应懂得如何与世界相处：无人问津时，享受独处，在孤独中寻找力量，不断前行；被人群簇拥时，成就别人，善待别人，其实也是成全自己。处于低谷时，要养成沉默的习惯。"

5.5.15　抓大放小，基于自己看重的东西做出选择

每个人对于自己看重的东西都是不同的。学会抓大放小，只有这样才能真正实现重要的目标。

这里所说的大，就是你最看重的东西，或是与你的目标相一致的事。如果你看重的东西是身体健康，那么，当你发现你目前所做的事影响你的身体健康时，你就会毅然决然地放弃。

许多家庭都会请阿姨照顾年迈的父母。如果想找一个各方面都合适的阿姨相当不易，你可能听过这样的话，"找阿姨比找对象还难"。因此，找阿姨必须抓大放小，找一个什么样的阿姨需要清楚你最看重什么，你尤其需要把你最看重的因素找出来。因为你找阿姨时需要跟家政公司首先说明你的要求。找阿姨一方面根据子女的要求，另一方面，老人自己的需求也很重要。

假设一个男性自理老人认为阿姨的学历很重要，那么，子女们一定要找一个初中以上毕业的阿姨，因为这样的阿姨认字会多，且能写字，可以帮助采买、记账、去医院拿药、陪老人上医院等，至于是否做饭好吃或是否会收拾家就不那么重要了；假设一个女性自理老人需要的是陪伴，那么子女们可能会找一个善于与老人沟通，愿意陪老人聊天和散步的阿姨，可能阿姨做饭不是太好吃，

或打扫卫生不太认真；假设一个完全不能自理的老人或病人，需要专门有一位阿姨在身边照料，此时，子女们会更看重其是否阿姨愿意伺候老人，且不怕脏不怕累，这时，就不会再注重学历了。

5.5.16 坚持做自己，不必羡慕他人

人生最重要的是坚持做自己，不必迷惑或羡慕于他人的成就。

每个人都有自己的价值观、世界观和人生观。每个人都有自己独特的道路和使命，不必和别人比较，只要坚持做好自己，就能实现自己的价值。

由于每个人的教育背景、家庭背景、工作经历和生活经历会各不相同，因此，每个人对待事物的看法也就不可能完全相同。因此，完全没有必要与别人相比。同时，也没有必要去羡慕别人。

自己的路只有自己走，"鞋子在哪硌脚，只有自己才知道"。因此，努力找到适合自己的解决方法才是最重要的。

羡慕别人只会让自己的心态更不平衡，从而会让自己陷入"人比人气死人"的境地。

羡慕别人其实是不自信的表现。

在孩子教育方面，很多家长采取的方式是不同的。有的家长当看到别人的孩子非常优秀，很是羡慕。羡慕的同时，会时而埋怨自己的孩子，恨铁不成钢，时而会逼着孩子也像别人一样。当结果不尽如人意时，孩子变得越来越不自信，家长也会变得不自信起来。

羡慕别人，只会迷失自己。现实中，不乏有这样的家长，生怕孩子输在起跑线上，每天工作回到家，要陪着孩子学习或让孩

子学习很多东西。没完没了，弄得自己和孩子都很累，且不知道什么时候是个头。

然而，生活中也不乏这样的人。他们很有定性，无论别人说了什么、做了什么，他们从不去羡慕，而是坚定地走自己的路。当然，这得益于他们有自己明确的原则。

一位母亲 G，有一个女儿 R。在上课外补习班盛行的年代，G 的原则是将时间和精力用在培养孩子的心智上，努力培养孩子的习惯、能力和心态，而不是让孩子提早学习课堂知识，或关注学习成绩，因而，G 从来没有让女儿 R 上任何课外补习班。事实证明，G 对 R 的心智教育卓有成效。现如今，R 也有了自己的女儿。R 也有了自己的教育孩子的原则。在 R 看来，因为自己工作很忙，平时没有太多的时间陪伴孩子，于是，她决定让孩子通过 iPad 上网学习和了解课外知识。对于学习什么样的知识、玩什么样的游戏以及看什么样的娱乐节目，她会进行提前限定。这与当今很多家长的想法都是不同的，因此，R 也遭到了周围很多人甚至家人的质疑。然而，R 一直坚持做自己，从没有动摇。

令人没有想到的是，R 的女儿利用 iPad 上网或玩游戏学到了很多知识，其中很多是 R 或者老师不可能给孩子讲授的知识，包括学习画画、手工制作、生活技巧、设备功能、与人相处、他国文化等，还通过玩一些专门的游戏，锻炼了动脑能力和观察能力等。其结果是，孩子大大开阔了眼界，有的时候，孩子说出的话让 R 感到惊讶和高兴。R 始终认为这是她自己要走的路，不会在意别人说什么。

有一个人，利用多邻国 App 学习语言。她的初衷是学习自己想学的语言，每天学习 5~15 分钟。然而，当她发现 App 设有排名和升级机制时,她开始把排名和升级看得很重,每天花了很多时间在争名次上,忘记了自己学习的初衷,弄得很累、很紧张。当她达到了最高级之后,她终于意识到学习不是为了排名,更不需要羡慕他人。从此以后,她开始按照自己的节奏,每天坚持 5~15 分钟一个单元,排名再也不是她关注的事了。

5.5.17 耐住性子,让时间说明一切

耐心是通向成功的钥匙。只要你耐心等待,时间就会向你展示一切。

每个人对事物的耐受力是不同的。有的人做事情会很急,希望一切都能很快见到结果。

关于让时间说明一切这个话题,笔者在十年前出版的《职场感悟:写给初入职场的人们》[14]一书中曾有过详细论述。

性子急的人主要有 7 种表现:

(1)急于求成;

(2)急功近利;

(3)急于分清黑白;

(4)急于表现自己的特长;

(5)急于对公司(或单位)的事发表评论;

(6)急于对人做主观评价;

(7)急于反驳和辩解。

要想避免上述行为，应该学会做到 4 点：

（1）耐得住性子；

（2）经得起挫折；

（3）相信领导；

（4）相信自己。

除了做到以上 4 点，你还需要坚持一个信念，就是"时间会说明一切"。

时间可以给人带来 9 个好处：

（1）磨炼意志；

（2）养成良好的习惯；

（3）培养出良好的心态；

（4）不断提升自己的能力；

（5）不断发现自身潜力；

（6）真正了解身边的人；

（7）忘却不愉快的事；

（8）变得更加成熟；

（9）让别人真正了解你。

总的来说，时间可以让人知道你是一个什么样的人，包括你的能力是怎样的，心态是什么样的。时间可以改变别人对你的看法，增加对你的了解。有很多事情需要放在时间长河里去看，因为经过时间的冲刷，有些东西会被冲走，而有些东西会沉淀下来。我们希望冲走的是烦恼，沉淀的是精华。

让时间说明一切也就是让事实说话，让结果说话。

工作中，你会说很多话，做很多决定。然而，一开始，你说的话未必有人听，未必有人信，甚至一开始都是怀疑和质疑，然而，我们不需要马上得到任何肯定，也不需要做任何辩解，而是让时间说话。在工作中，笔者尤其注重年轻人的培养。为了让年轻人快速成长以及提高工作效率，笔者曾经在工作中提出每一个处室一定要有一个综合管理员，负责处室之间的信息沟通以及处室内的信息收集和总结归纳。久而久之，几年过去，回过头来看，我们惊奇地发现，凡是最后得到提升的人几乎都是做过综合管理员工作的人，尽管不是一个工作岗位，也没有额外的工资，然而，综合管理工作带给他们快速成长。多年后，同事们才意识到，笔者当时的决定是正确的，而不是随便做出的。这份工作成为了筛选人员的第一道关口。笑到最后，笑得最好，时间是最好的见证。

5.6 结语： 一个能够自我调节的人往往能处乱不惊、 及时化解危机，最终获得成长并成事

自我调节是智慧的最高形式。

内在的平静和坚韧来自于自我调节的力量。

越是遇到困境越不要怕，因为人往往在处于低谷的时候，更能锻炼自我调节能力。

自我调节的人通常需要具有 4 种意识：

（1）别人救不了你；

（2）抱怨无济于事；

（3）逃避只能一时；

（4）找到自己的释然点——"秘方"。

只有自己能够拯救自己，重要的是，你需要找到属于自己的化解原则。

笔者很喜欢洞见君的一段话："人生风雨无数，若我们学会吞下抱怨，扛住磨难，日拱一卒地精进，一定会迎来春光明媚。""你要熬，熬到苦尽甘来；你要等，等到春暖花开。生活仍在继

续，凡是打不倒你的，终将让你强大。""没有熬不过的凛冬，也没有等不到的春天。"

第6章

. . . .

自我改变

——成为有故事的自己

自我改变是自我管理的有效手段之一。它更像是一个挖掘器。

自我改变是指不断挖掘自身潜力，通过持续的努力和不断的学习成长，主动寻求自身的思维改变、心态改变、行为改变、习惯改变、方法改变、模式改变以及岗位改变、角色改变等，让自己的生活更有价值和更有意义。

你是一个自我改变的人吗？请首先根据表6-1进行自测。

表 6-1　　　　　　　　　自我改变自测题

序号	自 我 改 变	是	否	导读
1	你会在遇到新的变化时，主动做出改变			6.3.1
2	你会在遇到挫折时，让自己变得更强大			6.3.2
3	你会在学以致用中，让自己变得更好			6.3.3
4	你会为实现自身目标而放弃其他			6.3.4
5	你有过跨专业或跨岗位的经历			6.3.5
6	你会为自己的身体健康而放弃其他			6.3.6

请统计一下你回答"是"的条数。

如果你有 1~2 条,说明你有自我改变的意愿;如果你有 3~4 条,说明你有自我改变的动力和决心;如果你有 5~6 条,说明你是一个愿意自我改变并已经取得一些成果的人。

如果你有 0 条,请从 6.1 开始依次阅读。

如果你有 6 条,你可以不看 6.1 和 6.2,直接跳到 6.3 和 6.4 结语部分。

如果你有 1 条以上的"否",建议你阅读其相应的章节,具体章节详见表 6-1 中对应的导读项。

懂得自我改变的人往往是有故事的人。有故事通常指一个人或一个事物背后有着深刻的印象、丰富的经历和不寻常的故事。这些故事可以传递智慧、启发他人,让人产生共鸣和思考。

一个有故事的人通常具备以下 5 个特质:

独特的经历和成就。有故事的人应该有独特的经历和成就,这可以是在职业、个人生活或社区服务方面的。这些经历和成就使他们的故事与众不同,有吸引力和启发力。

勇气和冒险精神。有故事的人通常具备勇气和冒险精神,他们敢于追求自己的梦想和目标,挑战常规和困难。他们愿意面对风险和不确定性,迈出舒适区,探索新的领域。

坚持和毅力。有故事的人不会轻易放弃,他们具备坚持和毅力的品质。他们在面对挫折和困难时不会退缩,而是继续努力、奋斗并找到解决问题的方法。

真实和透明。有故事的人通常是真实和透明的,他们敢于展示自己的弱点和挑战,并从中汲取经验和教训。他们不掩饰自己的错误，而是以诚实和谦虚的态度面对自己和他人。

影响和启发他人。有故事的人不仅仅是自己的故事的主人，他们还能够影响和启发他人。他们通过分享自己的经历、传递正能量和提供指导，激励他人积极面对生活，追求自己的梦想。

一个有故事的人往往是在人生中经历过许多自我改变的人。正是各种自我改变的经历，包括失败、受挫、跌倒、努力、坚持、成功等经历构成了精彩的人生篇章，形成了令人值得回忆的人生故事。

6.1 自我改变不是被迫改变

改变是一个持续的过程，需要积极主动地去创造变化，而不是等待外界的改变。同时，改变源于我们自身的思维方式和行为，我们需要改变自己来创造更好的生活和环境。

6.1.1 自我改变与被迫改变的区别

自我改变和被迫改变有明显的区别，从对改变的认知性、驱动性、主动性、积极性、行动性、有效性、持久性、感知性等 8 个方面都可以感受到。见表 6-2。

表 6-2　　　　　　　　**自我改变与被迫改变的区别**

方面	自 我 改 变	被 迫 改 变
认知性	基于自知	基于不自知
驱动性	内驱	外驱
主动性	主动	被动
积极性	积极	消极
行动性	愿意付出行动	被迫付出行动
有效性	有效	不太有效
持久性	持久	不持久
感知性	可感知	较难感知

真正的改变是从内心开始的，它源于对自己的期望和意愿，而不是外界的影响和压力。

自我改变的人往往是在知道自己的不足，以及自己看重什么和追求什么的基础上，主动积极且有的放矢地开始行动，因此，其行动的结果往往更具有效性、持久性和感知性。

被迫改变通常属于不得已而为之，因为自己面对改变的经验和优势不足，或内驱力不足，导致改变的过程可能是痛苦的，或是不情愿的，因而，改变有的时候是较难持续的，甚至可能是看不到结果的。例如，疫情期间，人们的生活被迫发生了许多改变。许多人被迫改变了工作方式，从传统的办公室工作转为远程工作，他们需要适应新的工作环境和使用各种远程工具进行沟通和协作；人们的日常生活也受到了限制和调整，他们需要戴口罩、保持社交距离，避免大规模聚集活动；旅行、聚会和娱乐活动等都受到了限制，人们需要改变原有的生活方式和习惯。

生活中时常会出现突发情况或外部环境的变化，人们需要做的是做出适应和调整，最好的情形就是努力将被迫改变转变成自我改变。

6.1.2　自我改变的 5 大特点

自我改变具有以下 5 个明显的特点：

自我改变需要勇气和决心。改变需要勇气去面对过去的错误和缺点，决心去追求更高的目标和更好的自己。不要畏惧失败，相信自己的能力，勇往直前。改变并不容易，但只有勇敢面对自己的不足和错误，以及坚定追求更好的自己的决心，我们才能实现真正的自我改变。这需要我们克服恐惧、相信自己的能力，并坚持不懈地追求自己的目标。

自我改变不是突变。成功的改变来自于持续的努力和不断的学习成长，而不是一次性的突发事件。真正的改变不会一夜之间发生，而是通过每天的小步骤和持续的努力逐渐实现的。自我改变是一个渐进的过程，需要持续的努力和坚持。

自我改变的效果会更持久、更有效。自我改变涉及内在的转变和持续的努力。真正的改变不仅仅是外部条件的变化，而是通过重新塑造思维方式、改变态度和行为模式来实现的。

自我改变的成果更容易被感知。自我改变的成果，首先在于你自己的内心感知，然后才能被他人感知。自我改变的成果不仅体现在外在的表现上，更体现在内在的成长和智慧上。当你在自我成长的道路上不断前进，你的变化将不可避免地被他人感知和赞赏。

自我改变的结果让人更有成就感。自我改变的过程中，每一次战胜自己的努力都将是你成就感的源泉。当我们克服自己的困难、超越自我、追求自己的目标时，我们会感到无比的满足。真正的成就感不仅来自于目标的实现，更来自于我们在追求目标的过程中的成长、进步和战胜自我限制。这种成就感让我们感到满足，并激励我们继续追求更高的目标和更大的成长。

6.2　自我改变的 3 大力量

内在的激情和渴望是真正的力量，它们可以推动我们不断地追求自我改变和成长。

具体说来，自我改变来自 3 大力量：内驱力、追求力和坚持力。

内驱力，自我改变的内生动力。内驱力是自我改变的引擎，它能够驱使我们超越自己，实现更大的成就。真正的改变源于内心的动力和渴望，而不是外在的压力或诱惑。内驱力是一种持久的力量，它可以激发我们的激情和动力，驱使我们不断进步和超越自我。只有内心真正的激情和渴望才能推动我们朝着自我改变的目标努力，并坚持不懈地追求成长和进步。

追求力，自我改变的目标牵引。追求力是成功的关键，它推动我们不断超越自己，迈向更高的境界。追求力是我们内心的推动力，它让我们不满足于现状，勇敢地追寻自我改变的机会和挑战。成功取决于我们内心的追求力和对自我改变的决心和行动。追求力是一种内在的动力，它能点燃我们的激情和动力，驱使我们超越自己，追求更高的境界。持续的追求力能带来真正的成长和进步，让我们成为更好的人。只有拥有追求力，我们才能勇敢地面对机会和挑战，迈向自我改变的道路。

坚持力，自我改变的内在牵引。坚持力是一种内在的力量，它能够克服障碍和困难，引领我们向自我改变的目标迈进。坚持力是你内心的燃烧的火焰，它能够驱使你不断努力，实现自我改变的愿望。坚持力是通向成功的桥梁，只有坚持不懈地追求自我改变，我们才能取得真正的成果。坚持力是实现梦想的关键，不论遇到多少挫折和困难，都要坚定不移地追求自我改变。成功取决于我们的坚持不懈，无论遇到多大的困难和挑战，都要坚持追求自我改变的目标。坚持力是一种内在的力量，能够克服障碍和困难，驱使我们不断努力，实现自我改变的愿望。只有坚持不懈地追求自我改变，我们才能取得真正的成果，实现自己的梦想。有坚持力，才能做大事，才能到达成功的彼岸。其实，在很大程度上，人与人之间的最大差距来自于对于事情的执着程度和坚持不懈。

6.3 抓住自我改变的 6 大时机

自我改变的时机到处都是，只是看你是否能够抓住它们。

不要等待完美的时机，开始就是最好的时机。

自我改变的人往往会抓住 6 大时机，包括：

（1）在与时俱进中；

（2）在遇到挫折时；

（3）在学以致用中；

（4）为实现自身目标时；

（5）为挖掘自身潜能时；

（6）为获得身心健康时。

6.3.1 在与时俱进中寻求自我改变

在不断变化的世界中，适应变化是成功的关键。不断改变和适应能够使我们保持不变，并在不同的环境中取得成功。

拒绝改变只会使我们面临更大的风险和挑战。如果我们对某个事物不满意，我们可以改变它，如果无法改变，我们可以改变对它的态度。我们需要勇于面对变化，灵活适应，并以积极的心态对待自我改变。

马化腾——腾讯公司的创始人之一，也是中国互联网行业的重要人物。在腾讯公司成立初期，马化腾意识到互联网的快速发展带来了巨大的机遇，他积极探索并及时调整公司的战略。他率先推出了QQ即时通信软件，并逐渐将腾讯打造成一个综合性的互联网公司，涉及社交媒体、游戏、支付等多个领域。随着移动互联网的兴起，马化腾意识到腾讯需要适应新的时代需求，于是在2011年推出了微信，这成为了腾讯在移动互联网领域的重要布局。

在不断变化的时代中，寻求自我改变是必要的。只有紧跟时代的步伐，积极探索新的机遇和应对新的挑战，才能保持竞争力并取得成功。通过关注行业趋势、学习新知识和技术，并将其应用于实践中，我们能够在与时俱进中实现自我改变和持续成长。

在现实生活中，我们其实都在不断地跟随新技术和新业务的发展等方面进行着自我改变，包括思维、心态和行为的自我改变。例如，从使用固定电话到使用手机；从寄信到发电子邮件；从发短信到发微信；从参加现场会议到参加远程会议；从在单位办公到居家办公；从现金支付到银行卡支付，再到微信支付和支付宝支付；从公共交通出行到自己开车出行；从参团旅游到自驾旅游；从看电视新闻到看手机新闻；从用笔记本记录到手机备忘录记录，再到语音录入；从发文字信息（博客、微博）到发语音信息（微信、喜马拉雅），再到视频信息（抖音、B站、小红书）；从买票乘车到刷卡和刷二维码乘车等。凡是经历过这样的变化并已经掌握了新的方法的人，都是可以自我改变的人。

事实告诉我们，如果不与时俱进做出相应的改变，你就会与时代脱节，甚至寸步难行。例如，在新冠疫情期间，如果不会使用手机中以及健康宝中的二维码，你甚至进入不了超市和商场。因此，一旦有新的东西出现，我们要努力抓住机会，积极地去了解它们。

6.3.2 在遇到挫折时寻求自我改变

勇敢面对挫折，不断改变自己，你会发现自己能够战胜任何困难。

在面对挫折和失败时，我们可以选择坚持不懈，重新开始，寻找机遇，并从中学习和成长。挫折并不代表失败，而是重新开始的机会。在最困难的时刻，我们有机会发现内在的力量和智慧。勇敢面对挫折，不断改变自己，我们就能够战胜任何困难。我们需要在面对挫折时保持积极的心态，勇往直前，迎接自我改变的机遇。

在工作和生活中，每个人都会遇到挫折。有的人会在挫折中倒下，有的人则会在挫折中需求改变的机会。能够在挫折中改变的人往往是寻求自我改变的人。他们会将遇到挫折当成机会，利用自己出现问题的时机，努力寻求自我改变，让自己有机会得到锻炼和修炼，让自己变得更好。例如，处于人生低谷时，有些人会把它当成重新再来的机会；焦头烂额时，有些人会把它当成提升自己时间管理能力的机会；情绪低落时，有些人会把它当成历练自己的情绪力和自控力的机会；身体不佳时，有些人会把它当成坚持锻炼身体的机会；遇到不好的评价时，有些人会把它当成磨炼自己平和心态的机会等。

每次角色的改变都是一个机会，你可以重新定义自己，发掘自己新的潜力。

我们在生活中扮演着不同的角色，无论是作为家庭成员、职业人士还是社会成员。角色的改变是一个机会，它们让我们重新定义自己，发现新的潜力。

李彦宏，在百度成立初期担任首席执行官的职位，但随着公司的发展壮大，他逐渐认识到自己需要适应和应对更多的挑战和责任。因此，他在 2014 年宣布辞去首席执行官职务，成为百度的执行董事长，转变为制定战略和宏观指导的角色。他开始更多地参与企业战略决策，推动技术创新和业务拓展。这种自我改变使李彦宏为百度带来更大的发展机遇。

现实中，每个人都会有角色的变化。然而，角色的变化往往会伴随生活重心的变化、工作内容的变化、环境的变化、接触的人的变化等。因此，人们随之需要自我改变。角色变化之时，是人们思变以及自我改变的较好时机。

初入职场时，角色从学生到员工，这是一个为自己打好基础的时机。尤其要抓住入职前两年时间，要尽量展现最好的自己。关于这一点，可以阅读我的《职场感悟：写给初入职场的人们》。

工作中，进入职场后，角色可能从一个岗位到另一个岗位，这是一个锻炼学习能力和适应能力的极好机会。如果你能够平滑过渡，说明你的自我改变的能力较强；从普通岗位到领导岗位时，这是一个锻炼自己思考能力、管理能力、领导能力的好机会。如果到了领导岗位，你没有试图改变自己，那么，你在领导岗位上不会有太多成就。

生活中，从单身角色到夫妻角色，到为人父母的角色，再到自己成为老年人的角色时，是提升自己效能以及历练富足心态的的好机会，让你能平衡好各种关系和各种事情，使自己的生活更丰富多彩。

6.3.3　在学以致用中寻求自我改变

只有将学到的东西应用于实际中，才能真正改变自己的命运。

知识本身是有力量的，但只有将其应用于实际中才能创造真正的价值。

行动是知识的最佳归宿，只有将所学应用于实践，才能真正改变自己和周围的环境。只有将学到的东西应用于实际中，才能真正改变自己的命运。

马克·扎克伯格——Facebook 的创始人之一，他在大学期间开始了自己的创业之路，创建了一个名为"The Facebook"的在线社交网络平台。然而，他很快意识到自己需要更深入地了解用户需求、商业模式和创业管理等方面的知识。为了填补自己的知识空白，扎克伯格决定放下学业，开始积极学习相关知识，并寻求行业内的导师和专家的指导，努力将所学到的知识应用到 Facebook 的发展中，Facebook 得以迅速崛起。

在工作和生活中，有许多人只是在获取知识，而忽视了将所学的知识及时转化成自己的具体行动，其带来的结果是，知识学了不少，但成长并不快。有些人甚至总是把学到的知识当成鸡汤，听听而已，不愿意付诸实践。然而，有些人则完全相反。尽管他们学的东西并不多，但他们相信知识带来的力量。只要认为知识有用，哪怕只是一点、两点，他们都会将之马上应用和实践。多年下来，学习同样课程或看了同一本书的人，他们是否将所学知识学以致用，结果一目了然。因为，学以致用的人往往会发生很大改变，取得长足进步，并且有目共睹。

笔者对这一点体会颇深。学以致用带给我的改变是巨大的。例如，在学习《高效能人士的七个习惯》和《六顶思考帽》之后，经过20多年的思考、实践，以及不断自我改变，自己发生了很大变化：之前不爱思考，变成一个爱思考的人；之前没有目标追求，变成有个人使命宣言的人；之前做事喜欢跟着感觉走，变成做事有原则的人；之前做事拖沓，变成一个注重效能的人等。

6.3.4　为实现自身目标而自我改变

如果你想要实现自己的目标，就必须做出改变。

没有明确的目标，我们就会失去方向，没有行动计划，我们就无法实现目标。

成功需要我们改变自己的思维方式，成为那个能够实现目标的人。同时，要设定明确的目标，并为之付出努力和坚持不懈的追求。自身的目标和自我改变是实现成功的关键，它们激励着我们朝着自己的愿景和理想前进，塑造自己的未来。

史蒂夫·乔布斯——苹果公司的共同创始人之一，在20世纪

80 年代初，他被苹果公司董事会解雇，这对乔布斯来说是一个巨大的打击。然而，他并没有放弃自己的梦想和目标。他创建了一家名为 NeXT 的计算机公司，并投身于 Pixar 动画工作室的发展。在这个过程中，乔布斯不仅改变了自己的角色和职责，还不断学习和适应新的环境和挑战。经过多年的努力和创新，乔布斯最终回到了苹果公司，并带领公司走上了一条更加成功的道路。

为实现自身目标而做出改变是每个追求梦想的人必须经历的。目标的实现不是一蹴而就的，往往需要分步骤实施。这是养成习惯、提升能力、培养心态的最好时机。

生活中，在追求梦想的过程中实现自我改变的例子有不少。例如，一个年轻人原本可以享受生活，不需要太辛苦，然而，为了实现自己当大提琴家的梦想，每天要练习大提琴几个小时，无论是否是休假日，一天不落下，坚持了 10 年。他的执着和坚持让他最终如愿以偿。

一个高中生，他的梦想是上美国藤校。为了实现自己的目标，他在追梦的路上一路狂奔：他每天坚持背单词 100 个，英语单词量达到 1.8 万个；成为高中国际学校的代言人；成为乐队主唱；成为学校学术组织的创办者；在国际大赛中曾获得多个奖项。在他看来，他的最大改变是自己从被动的、填鸭式学习，向主动的、目标驱使的学习进行转变。据他的母亲讲，追求梦想让他的儿子在许多能力得到改变和提升，例如时间管理能力、思考能力、组织能力、规划能力、领导能力、为人处世能力以及应对突发事件能力等。功夫不负有心人，他最终被美国藤校录取。相信他在未来还会有更多的改变和可能。

一位讲师为了实现让自己讲一天课不觉得累的目标而自我改变。在做老师之前是一个爱大声说话的人，有的时候，半天课下来口干舌燥，嗓子经常感到不适。之后，她开始用低声调和平和的语气慢慢讲述，娓娓道来。一来学生们会更加随着讲课的内容进行思考，二来自己也不觉得累。因为这样的改变，让她已经习惯了讲师的职业。据她说，她曾经有过连着讲 3 天半课程的经历，居然没有感觉到累，让学员们佩服不已。

6.3.5　为挖掘自身潜能而自我改变

改变是自我发现和潜能释放的关键，只有敢于改变，我们才能超越自己的局限，发现更大的可能性。

个人的潜能是无限的，只需敢于挑战和改变自己。我们不应低估自己的能力，而是要相信自己的潜力，并勇于追求自我改变。通过持续学习、挑战和努力，我们可以不断发掘和提升自身的潜能，实现更大的成就和成功。自我改变是发掘和释放潜能的关键，它鼓励我们勇敢面对挑战，超越自我，不断突破自己的界限。

尤金·奥尼尔——一位职业篮球运动员，他在年轻时，身高出众，然而他发现自己的身体素质并不足以应对高水平的篮球比赛，自己需要进行全面的自我改变。于是他开始了严格的体能训练，努力增加肌肉质量和爆发力。同时，他积极学习篮球技巧，并找到了合适的教练和导师来指导他的进步。最终，他以其出色的篮球技术、力量和速度成为 NBA 历史上最具影响力的中锋之一。他获得了四个 NBA 总冠军，并多次当选 NBA 最有价值球员。

每个人的潜能都是巨大的，只是很多人没有去挖掘而已。有些人直到最后都不知道自己有多能，而只是坚守着自己一开始所从事的职业或专业。然而，一旦你开始了挖掘自己潜能的旅程，你会发现自己的潜能巨大，同时，你在挖掘自身潜能的同时会获得很多能力的提升、知识面的拓展，让自己有机会成为更全面的自己。

这一点笔者也深有体会。因为在我自己的人生中，我有幸有这样挖掘自己潜能的机会，从我的工作岗位变动就可以看出。我的大学专业是无线电，研究生专业是通信与电子以及 EMBA，博士专业是管理学。因我的研究生导师认为我具有一定的文字写作能力、英语能力和市场拓展能力，为挖掘潜能，我在研究生毕业的两年后，也就是 29 岁那年，选择做了一名编辑；38 岁那年，选择做了国际事务；40 岁那年，选择做了市场拓展；42 岁那年，选择做了海外拓展。令我没想到的是，46 岁那年，领导让我做了供应链管理，再一次挖掘了自身潜能，并取得了不少成效。

6.3.6　为获得身心健康而自我改变

保持身心健康是一项持久的投资，它需要我们持续地改变和努力，它将会给我们带来无穷的回报。

身体和心灵的健康是实现自我改变的基础。保持良好的身体健康和心理健康可以增强我们的能力和动力，使我们能够更好地适应和应对生活中的变化和挑战。投资于自身的健康是对自己的最大关怀，也是实现自我改变的前提。只有身心健康的人才能更

好地追求自己的目标，并以积极的态度面对生活中的各种变化和
挑战。

　　李嘉诚——中国著名的商业巨头，在他的职业生涯中，面临
着巨大的工作压力和挑战，但他意识到身心健康对于取得长期成
功的重要性。为了改善自己的身心健康，李嘉诚采取了一系列自
我改变的行动。首先，他开始注重健康的饮食和营养，保持均衡
的饮食习惯。他还积极参与体育运动，如打高尔夫球和健身锻炼，
以增强体力和放松身心。此外，他也善于寻求平衡，将工作和休
闲时间合理安排，确保自己有足够的休息和娱乐。

　　在现实生活中，每个人都会结合实际，并采取适合自己的方
式保持身心健康。

　　一位女士为了控制自己的体重而自我改变。在她上学时，她
不太关注体重，身材一直属于偏胖类型。工作以来，为了保持良
好的形象，她开始关注自己的体重，并改变了许多原有的方式或
习惯。她坚持每天早上观测体重，坚持一日 3 餐（不增加也不减
少），晚上不出去聚餐，晚饭尽可能少吃，尤其少吃肉，坚持睡觉
的时间距离吃完晚饭的时间在 3.5 小时以上，睡觉前如果能听到肚
子有点咕噜的声音最好。30 多年下来，她的身材基本没变，体重
一直保持在正常水平，仍然保持着活力。

6.4 结语： 自我改变的结果 将成为人生精彩篇章

每个人都能让自己变得更好，前提是你是否想自我改变。只要你想改变，你就能改变自己。

只有当你改变自己的思维和行为时，你才能真正改变自己的命运。

通过努力、坚持和不断学习，人们可以实现自我改变，并在个人生活和职业领域取得重大的成就。

成功的人往往是那些有故事的人，他们经历了失败、挫折和磨难，但从中汲取力量，最终实现了他们的梦想。

小说家 J. K. 罗琳（J. K. Rowling）在她成名之前，经历了许多困难和失败。然而，她坚持写作，并通过改变自己的生活态度和创作方式，最终创造了《哈利·波特》系列作品，成为畅销书作家，并改变了整个儿童文学界。

一个有故事的人并不一定需要拥有辉煌的成就或震撼人心的经历，而是通过真实的、个人化的故事展示出自己的独特性和人生意义。每个人都有自己独特的故事，只要我们愿意自我改变，勇于面对自己的经历，勇敢地追求自己的梦想，就能成为一个有故事的人。

每个人都有自己的故事，只有勇敢去追寻和书写，才能成为一个有故事的人。

　　M 女士，33 岁，勇敢地追寻自己的梦想。为了自己的梦想，她不断做出自我改变，包括：大学二年级，也就是 20 岁那年，她决定从学经济专业改为学会计和金融专业；24 岁那年，她决定从会计事务所转到房地产公司；25 岁那年，她决定从房地产公司转到酒店投资公司；27 岁那年，她决定从做会计转到做酒店投资分析师；30 岁那年，她决定边工作边读瑞士洛桑酒店管理学院的 MBA；31 岁那年，她决定做行走世界的视频。同年，她决定利用 MBA 论文契机设计属于自己的儿童酒店品牌等。以上这些决定，让她马不停蹄地实现了许多自己想做的事。可以说，她大胆追求梦想，并不断做出改变让她的人生变得如此精彩。也正是因为她的这些自我改变勾勒出了她自己想要的人生故事。据 M 女士讲，她为自己所做过的事感到骄傲和自豪，而且从来不后悔自己所走的路和所做出的每一个决定。她坚信，当自己年老的时候，这些自我改变的故事都将成为她对人生的无比珍贵的回忆。

　　精彩人生从自我改变开始。希望每个人都能成为一个有故事的人。无论年龄大小，开始就好！

第7章

. . . .

自我完善

——成为有境界的自己

　　自我完善是自我管理的最高境界。它更像是一个永动器。

　　自我完善是指个人自觉地通过学习、修炼、反思和成长，不断提升自身的能力、素质和品质，以实现自身的潜能发展，并追求更高的目标和更好的状态的过程。

　　你是一个有自我完善的人吗？请首先根据表7-1进行自测。

表7-1　　　　　　　　　　自我完善自测题

序号	自我完善	是	否	导读
1	你是一个想不断提升自己的人			7.1
2	你会不断学习新知识			7.2—7.6
3	你会不断发现/挖掘自己的潜能			7.3
4	你会不断设定新目标			7.4
5	你是一个心态富足的人			7.7.1
6	你是一个值得信任的人			7.7.2
7	你是一个对社会有贡献的人			7.7.3

请统计一下你回答"是"的条数。

如果你有 1~2 条，说明你是想自我完善的人；如果你有 3~4 条，说明你是愿意为自我完善付出行动的人；如果你有 5~6 条，说明你是追求和不断自我完善的人；如果你有 7 条，说明你已经是一个自我完善的人。

如果你有 0 条，请从 7.1 开始依次阅读。

如果你有 7 条，你可以不看 7.1~7.5，直接跳到 7.6、7.7 和 7.8 结语部分。

如果你有 1 条以上的"否"，建议你阅读其相应的章节，具体章节详见表 7-1 中对应的导读项。

历史上有很多关于自我完善的经典例子。其中，贝多芬的例子让人记忆深刻且最容易理解。

贝多芬是一位伟大的作曲家，他在音乐创作上追求完美并不断进步。贝多芬对自己的音乐作品持续不断地进行反思和修改，不断改善和提升自己的作曲技巧。他在不同阶段的作品中展现了持续的创新和进步，创造出了许多具有深远影响力的作品。

然而，自我完善绝对不是名人的专利。每个人都有追求自我完善的权利。

自我完善在人的一生中是相当重要的，它甚至可以与接受教育相提并论。戴尔·卡耐基曾经说过，"自我完善比接受教育更重要"。

只有自我完善的人，才能教育别人。德国教育家第斯多惠曾经说过，"凡是不能自我发展、自我培养和自我完善的人，同样也不能发展、培养和教育别人。"

每个人都应该树立自我完善的意识。

7.1 自我完善不等于自我完美

有不少人将自我完善与自我完美混淆起来。其实，自我完善和自我完美在概念上有一些异同之处。

自我完善是一种持续的努力，它关注的是个人成长和进步。自我完美是一种不切实际的追求，它只会限制我们的发展。

自我完善与自我完美的不同之处表现在以下 4 个方面：

目标性不同。自我完善强调的是个人在不断进步和提升自己的过程，注重于个人成长和发展。而自我完美则更强调追求无可挑剔的完美状态，追求在各个方面都达到最高水平。

过程性不同。自我完善是一个持续的过程，强调在不断学习、反思和改进中不断提高自己。自我完美则强调的是达到一种完美状态，强调一种终点或最终目标。

视角不同。自我完善更注重于个人内在的成长和发展，注重于个人的潜能开发和素质提升。自我完美则更注重外在的表现和标准，注重于在外部世界中表现出完美的形象。

动机不同。自我完善的动机通常是基于个人的内在驱动和追求个人满意度和幸福感。自我完美的动机则更多地来自外界的期望和社会的标准，追求他人的认可和赞许。

自我完善和自我完美的共同点在于：两者都强调个人的成长和提升，都追求在各个方面达到更好的状态。无论是自我完善还是自我完美，都是个人在不断进步和改进自己的过程中的不同侧重点。每个人可以根据自己的价值观和目标来选择适合自己的追求方式。

7.2　自我完善的5个要点

自我完善包括以下5个要点：

自觉性。自我完善是基于个人的自愿和自我意识的行动。个人意识到自己的不足和有待提高的地方，并主动采取行动来改善自己。

学习和成长。自我完善强调通过学习新知识、获取新技能和不断积累经验来提升自己的能力和素质。个人通过不断学习和成长，不断拓宽自己的视野和知识储备。

反思和改进。自我完善需要个人进行自我反思，审视自己的行为和决策，并找出不足之处。在意识到不足之后，个人会采取行动来改进自己的行为和思维模式。

发展潜能。自我完善的目标是实现个人的潜能发展。个人意识到自己的潜力和可能性，并通过不断努力和提升来充分发挥自己的潜能。

追求更高目标和更好状态。自我完善不仅仅是满足于现状，而是追求更高的目标和更好的状态。个人不断设定挑战自己的目标，并通过不断努力和提高来实现这些目标。

7.3　自我完善的 4 大益处

简单地说，追求自我完善可以带来 4 大益处：

实现个人成长和发展。通过不断自我完善，个人可以在各个方面取得进步，提升自身的技能、知识和能力。这有助于个人的职业发展、学术成就和个人成就。

提高自信和满足感。自我完善可以增强个人的自信心，使其更有能力应对挑战和面对困难。同时，每次进步和成就都会给予满足感和成就感，促进个人的幸福感和满足感。

追求个人目标和梦想。通过自我完善，个人可以更好地追求自己的目标和梦想。不断提高自身的素质和能力，使自己更接近理想状态，并有更大的机会实现自己的抱负。

做出积极的社会贡献。通过自我完善，个人可以成为对社会有益的人，并为社会作出积极的贡献。无论是在专业领域、社区服务还是慈善事业中，个人的自我完善可以使其有更大的能力和影响。

7.4 自我完善的7个发力点

有许多人想自我完善，然而，不知如何下手。

自我完善需要结合自身实际，从以下7个方面发力：

持续学习。通过不断学习和获取知识，扩展自己的思维和认知边界。可以选择阅读书籍、参加培训课程、听取讲座、观看教育视频等方式来积累新知识和技能。持续学习是自我完善的最基本也是最容易做到的方法。

坚持自我反思。定期反思自己的行为、决策和做事方式，审视自己的弱点和盲点，并思考如何改进和提升。可以通过写日记、进行冥想、寻求反馈等方式进行自我反思。坚持自我反思是不断自我完善的内生动力。

设定明确的目标。为自我完善设定明确、具体和可衡量的目标。确保这些目标是可实现的，并具有挑战性，能够激励你为之努力。设定明确的目标是让自我完善的方向感更强、路径更清晰的方法。

不断自我挑战。挑战自己的舒适区，不断追求新的经历和学习机会。参与新的项目、承担更大的责任、学习新的技能，以及接受新的角色和职责，都可以促使个人不断成长和完善自己。不断挑战自己是实现自我完善的最快捷的方法。

寻求反馈和建议。寻求他人的反馈和建议，以获得更客观的视角和改进的方向。接受他人的意见和建议，将其视为改进和成长的机会。寻求反馈和建议是让自我完善更有的放矢、让自己成长更快、让变化更容易被感知的方法。

不断自我调整。定期评估自己的进展和成果，给予自己积极的反馈和肯定，并针对不足之处进行调整和改进。重要的是要保持积极的态度，并接受自身的不断进化和改变。不断自我调整是让自我完善的进程更快推进的方法。

关注结果和成果。注重对结果的关注，评估自己的进展和成果。定期回顾和检查自己的工作，确保你朝着目标不断前进，并做出必要的调整。关注结果和成果是让自我完善得到有效体现并更容易有获得感的重要方法。

现实中，每个人的发力点都是不同的。你可以通过现阶段所处的状态选择自己的发力点。例如，有的人会选择从阅读中获取力量，有的人会选择从培训中获得思考，有的人会选择用自我反思的方式找到自己的感悟，有的人愿意听取别人的反馈，有的人喜欢不断挑战自己，有的人会更注重结果输出等。

我的一位朋友，她最喜欢从书中获取力量以及自我反思。在她看来，读书和反思能让她披荆斩棘。还有一位朋友，她喜欢用结果说话，经常是每过两三年，我们就会看到她的成果体现。笔者自己则更喜欢不断挑战自己，发展自己的潜能，工作中曾经经历多个岗位，而且都是大跨度的，岗位包括编辑、战略咨询研究、国际关系合作、海外投资、综合管理、国内市场拓展、海外市场拓展、供应链管理、企业内训等。令笔者体会最深的是，正是因为不同岗位的变化，让笔者进一步挖掘自身潜能，有机会成为更好的自己。

同样，选择开启自我完善的时机也很重要。

7.5　抓住自我完善的 5 个重要时机

自我完善需要抓住每一个时机。

最好的时机是现在，因为现在是你唯一拥有的时刻。抓住每一个机会，不断追求自我完善。

自我完善不一定需要特定的时机。人们可以随时反思自己的行为和表现，寻找改进的机会，并通过日常努力和实践来不断提升自己。自我完善并没有固定的时机，它可以在任何时候开始。关键是对自己的发展保持持续的关注和努力，不断寻找机会和途径来提升自己。

自我完善的时机取决于当下个人的情况和目标。经过不断实践，我发现，在平时工作和生活中，有些时机如果你抓住了，会对自我完善大有裨益。

自我完善的时机可以包括以下 5 个：

进入新的一年时。许多人选择在新年时制定新的目标和决心，这是一个常见的自我完善的时机。他们可以回顾过去一年的成就和不足，为新的一年设定新的目标，以改进和提升自己。

过生日时。生日是一个反思自己成长和回顾过去一年的好时机。在生日这一天，人们可以思考自己在各个方面的进步和需要改进的地方，并制订计划来自我完善。

遇到关键转折点时。人生中的关键转折点，如毕业、职业转变、婚姻、生育，以及岗位变动等，通常会激发人们思考自我成长和改进的需要。这些转折点可以成为重新评估自己目标和价值观的机会，并制订新的自我完善计划。

面临挑战或困境时。当人们面临挑战、困境或失败时，他们往往会反思自己的不足，并找到自我改进的动力。这些困境可以成为启发个人成长和完善的时机。此时，人们对自我完善的渴望往往最旺盛。

做自己喜欢做的事时。当人们做喜欢做的事时，通常都会希望把事情做好，因为自己喜欢做的事往往是让自己有自信、有优势的事，因此，会发自内心地不断自我调整、修改、完善，直至满意为止。例如，工作中，流程优化、办法修订、系统优化、PPT制作、写发言稿和演讲稿、写工作邮件、写总结报告时。生活中更是如此。如写作时，你会不断修改完善相关内容，绝不可能只是一次就通过；唱歌时，你会练习很多遍，当觉得自己已经唱的不错时，你才会录下来；写书法时，当每个字的写法已经练得很好的时候，你才会写出整幅作品；画油画时，当你每次对细节进行修改和调整时，就是自我完善的过程；做手工时，当你的作品满足了你的期望，你才会停下来，否则，会不断调整和完善。

无论你在自我完善的道路上如何发力，抓住什么时机，其目的都是为了成为更好的自己。

要成为最好的自己，你必须不断追求自我完善，使自己达到一种境界。

7.6　成为有境界的自己的 10 个方法

追求自我完善是一种境界。

有境界的人，不受外在环境的干扰，内心依旧宁静。

有境界的自己会努力做到以下 10 点：

培养内在修养。注重培养内在的品质和素养，如诚实、善良、正直、宽容、谦虚等。通过修身养性和提升自己的道德修养，形成良好的人格和品质。

深化思维方式。培养深入思考和审视的习惯。学会从多个角度看待问题，提升自己的思维深度和广度。通过探索和反思，寻找更深层次的真理和智慧。

追求内心平静。学会放下内心的焦虑和困扰，追求内心的平静与宁静。通过冥想、瑜伽、修行等方法，培养内心的宁静和清晰。

培养高尚情感。培养高尚的情感和情操，如宽容、善良、感恩等。学会关注他人的需要和幸福，用心去帮助和关爱他人。

坚守原则和价值观。明确自己的核心价值观和原则，并坚守不移。用这些原则指导自己的行为和决策，成为坚定有信仰的人。

探索人生意义。思考人生的意义和目的，通过对自己的人生目标和价值追求的思考，给予自己的生活更深层次的意义和价值。

培养审美情趣。培养对美的敏感和欣赏能力。通过欣赏艺术、文学、音乐等形式，提升自己的审美情趣，培养内心的艺术气质。

持续学习和成长。保持持续学习的心态，追求知识和智慧的积累。通过阅读、学习、交流等方式，不断充实自己，提高自身的修养和境界。

关注社会责任。关注社会问题和公共利益，积极参与公益事业和社会活动。通过为社会做出贡献，实现自己对社会的关爱和责任。

培养宽广的胸怀。保持开放的心态，接纳多样性和不同的观点。学会宽容、包容和理解他人，以宽广的胸怀面对世界和人生。

7.7　自我完善的人想要达到的 3 大境界

自我完善的境界是不断超越自己，不断追求更高的目标和更好的自己。

现实生活中，自我完善的人通常会有 3 个境界（之一）：

（1）心态富足；

（2）值得信任；

（3）对社会有贡献。

7.7.1　心态富足

心态富足的人不为外在因素所左右，而是从内心寻找满足和幸福。

富足的心态不是追求更多，而是感恩已有的。

富足并不仅仅是拥有很多物质财富，而是满足于所拥有的。富足的心态源于对自己拥有的一切心存感激，它不依赖于外在的物质，而是来自于内心的满足和感恩之心。

富足的人是那些能够从简单的事物中找到快乐和满足的人，

177

他们对生活抱有感恩之心，从每个时刻中汲取快乐和满足。他们明白富足来自于内心的态度和心态，而不是外在的物质财富。

心态富足的人往往会拥有以下"8有"：

有积极的心态。培养积极乐观的心态，学会感恩和珍惜身边的一切。专注于积极的方面，尽量排除消极的情绪和负能量。我们的态度决定了我们的高度和成功。积极的心态是实现目标的关键，不要等待外部条件改变，而是改变我们自己的内部态度。我们的思维方式决定了我们的现实，积极的思考能够带来积极的结果。将每一个挑战都看作机会，并拥抱积极的心态，我们能够更好地应对困难，迎接机遇，实现自己的梦想和目标。

有目标和激情。设定有挑战性的目标，并追求自己感兴趣和有激情的事物。通过追求自己的激情和兴趣，可以给生活带来更多的乐趣和满足感。激情和目标相互促进，激发我们的动力和热情。有激情才能有动力，有目标才能有方向。激情是奋斗的动力，而目标是前进的航标。有明确的目标和激情的人生才能有动力和意义，能够追求卓越并实现自己的梦想和成功。

有健康的生活方式。关注身体健康和心理健康。保持均衡的饮食、适度的运动、充足的睡眠和有效的压力管理。健康的身心状态是富足的基石。健康不仅仅是身体的健全，更包括心灵的平衡与内在的和谐。健康是幸福的基石，它使我们能够充分享受生活的美好。追求健康的生活方式是对自己最好的投资，它能够为我们带来长期的益处和幸福感。

有良好的人际关系。与亲朋好友建立良好的关系，培养支持和理解的社交圈。一个人的价值不仅仅取决于他能从自己身上得到多少，更取决于他能给予别人多少。建立良好人际关系的关键是倾听和尊重他人的观点和感受。要想拥有朋友，首先要成为一个值得交朋友的人。与人为善、关怀他人是建立良好人际关系的基石。在人际关系中，真诚和善意能够打开人们的心扉。

有自己的个人追求。不断学习和成长，探索自己的潜力。培养新的技能、扩展知识领域、接触新的经验，不断提升自己的能力和价值。人生的意义和成就来自于发现自己的使命和热爱的事业，并全身心地投入其中。人生的真正意义在于追求自己的梦想，不断进步和成长。追求个人追求是一种探索、成长和实现自我价值的过程，让人感到有目标、有意义，并不断迈向更高的境界。

有自己的兴趣爱好。发展自己的兴趣爱好，投入其中。充实自己的业余生活，追求个人的爱好和激情，为自己的内心带来满足感。兴趣是最好的老师，能够激发我们的创造力和热情。追求自己的兴趣和热爱是生活中最重要的事情之一，且是我们生活中最宝贵的财富。拥有自己的兴趣爱好能够让我们过上充实而有意义的生活。能尽可能拥有一个每天都可以自己做的兴趣爱好。

有给予和奉献。积极给予他人帮助和支持，分享自己的资源、时间和才能，为他人创造价值，为社会做出贡献。生命的意义不仅在于追求个人的利益和享受，更在于给予和奉献。通过给予和奉献，让人能够感受到生命的丰盈和价值。给予不仅仅是物质上的贡献，更是一种无私和关爱的心态。奉献是人生的真正意义，它能够带来无穷的喜悦和满足。

有自我反思和感恩。定期进行自我反思，审视自己的成长和进步。通过反思自我，我们才能不断成长和进步，认识到自己的弱点和改进的空间。感恩是一种心灵的力量，它给予我们力量和勇气面对生活中的困难。只有通过反思自我，我们才能真正认识到自己的价值和能力，同时也学会感恩和珍惜所拥有的一切。感恩是一种积极的心态，它让我们关注并感激身边的所有美好。

心态富足其实是每个人都渴望达到的一种状态。心态富足的人的生活会很精彩。

纳尔逊·曼德拉尽管经历了长达 27 年的监禁，但他仍然保持着坚定的心态和积极的思维。他在被释放后成为南非的第一位黑人总统，致力于和解、平等和人权，展现出心态富足的力量。

马拉拉·优素福扎伊作为巴基斯坦教育活动家和诺贝尔和平奖得主，她展现了一种非凡的心态富足。尽管她在 15 岁时遭受了极端主义分子的袭击，但她没有放弃她对教育的激情和她的使命。她以坚强的意志和积极的心态继续为教育权利和女性权益奋斗。

理查德·布兰森作为维珍集团的创始人，他展现了一种充满乐观和冒险精神的心态富足。他面对商业挑战和失败时总能保持乐观，并将失败看作是学习和成长的机会。他的冒险精神和积极心态帮助他在多个行业取得成功。

心态富足是一个很高的境界，是每个人希望达到的境界。尤其是当人们退休或年迈的时候，心态富足的人更容易平滑过渡，更容易身体健康和长寿。一位 93 岁老人，她一直很心态富足，从不抱怨生活，反而对她现在得到的一切心存感激：她感谢国家对离休老人的关怀，给予报销所有医药费的待遇；感谢党和国家还授予她两枚纪念章（庆祝中华人民共和国成立 70 周年纪念章和在党 50 年纪念章）；感谢单位每逢节假日对她的关心和问候；感谢儿子和儿媳带给她住宿条件的改善；感谢孩子们对她的生活的无微不至的关怀；感谢……

心存感恩，感恩不尽，是心态富足的人最好的状态。

7.7.2　值得信任

信任是一种宝贵的品质，需要通过持续的行动和诚实的表现来建立和维持。同时，信任一旦破裂，很难恢复。我们应该珍惜信任并努力成为值得信任的人。

值得信任的人往往会做到以下 9 个方面：

诚实守信。坦诚和诚实是建立信任的基石。"信用是一种珍贵的财富，它需要时间来建立，但可以在一瞬间破灭。""守信用是一种品质，它能够赢得他人的尊重和信任。"在工作和生活中，一个人是否诚实守信很容易鉴别。诚实守信的人，他们要么不会轻易做出承诺，要么对于承诺过的事，他们会想方设法兑现。诚实守信是树立个人品牌和信誉的关键因素之一。

说到做到。保持言行一致，让自己的言论和行动保持一致性。通过兑现承诺、保持稳定的态度和行为，树立起可信赖的形象。一个人是否能"说到、做到"，其实是很容易甄别的。工作和生活中，许多人可能只是因为一次说大话，或说了没做，从此失去了别人的信任。取得信任需要时间，然而，失去信任就在一刹那，可能就是因为一件说到没做到的事。

保守保密。尊重他人的隐私和机密。不随意泄露他人的私人信息，建立起他人对你的信任。在工作和生活中，别人跟你说的事，尤其是别人不让你告诉他人的事，坚决不要告诉任何人。如果你确实是一个保守秘密的人，可能一开始你会受到别人的怀疑，猜测你可能不是一个保守秘密的人。然而，经过一段时间和一些事情后，你一定会得到别人的信任。

勇于担责。对自己的承诺和责任负责。勇于承担错误和失误，并及时采取措施进行纠正和修复。如果你是一个不怕担责的人，那么，你一定会有功成不必在我的胸怀，会经常鼓励别人，敢于授权等。如果你是怕担责的人，往往会遇到问题迟而不决，推诿扯皮，喜欢埋怨别人等。一个不怕担责的人，更容易得到信任，同时，能让其团队更加和谐、自主，做事效率更高、成果更多。

倾听和尊重他人。倾听他人的观点和需求，尊重他人的权益和感受。展现出对他人的关心和关注，让他们感受到被重视和尊重。倾听是一种尊重和关注他人的行为，它能够促进深入理解和有效的沟通。倾听不仅仅是接收声音，更是理解他人的心灵和体验。尊重他人的意见和观点，并给予他们倾听的空间，是建立积极和富有意义的人际关系的关键。

建立良好的沟通。与他人建立良好的沟通，清晰地表达自己的意图和观点，同时善于倾听和理解他人的意见。良好沟通不仅仅是简单地传达信息，更是建立心灵的连接、共同的理解和共享的价值观。倾听、情感的表达和深度的交流都是构建良好沟通的关键。通过有效的沟通，人们能够建立互信、解决问题、促进合作和建立良好的人际关系。

善意和善行。展现出善意和善行，主动帮助他人。通过积极的行动和善意的举止，赢得他人的尊重和信任。善意是一种无声的力量，能够改变他人的生活和世界的面貌。善行是人类最高尚的行为，它能够点亮黑暗中的希望和温暖。善意不仅仅是对他人的关怀和爱，也是一种智慧和美德。通过选择善意和善行，人们能够建立和谐的人际关系、促进和平和创造更美好的社会。

接纳和包容。接纳他人的差异和独特性，保持开放的心态。尊重多元化和不同意见，展现出包容性和宽容度。接纳不同的观点、文化和个体能够丰富我们的人生和社会。包容是一种力量，能够打破偏见、消除仇恨，并建立和谐的社会关系。接纳他人并不意味着放弃自己的原则，而是尊重他人的权利和存在。通过包容的态度，我们能够创造美好的未来和友善的人际关系。

持续改进。不断反思和改进自己，以成为更好的人。学习和成长，修正错误和不足，展现出不断进步的态度。持续改进意味着不断学习、进步和挑战自己。它是成为更好的人和实现更大成就的关键。每一天都要比前一天更好，持续改进是成功的秘诀之一。它是一种心态，对自身和工作的不断追求和提升。持续改进也是一个组织或个人取得成功的关键要素，只有不断改进才能适应不断变化的环境。人们要保持持续改进的心态，不断追求卓越，并持续进步以实现自己的目标和梦想。

值得信任的人往往品格高尚，会受到别人的尊敬与尊重。

沃伦·巴菲特作为一位成功的投资者和慈善家，沃伦·巴菲特以他的诚信和可靠性而闻名。他在商业界赢得了广泛的尊重和信任，坚守他的原则和价值观，从不违背他的承诺。

甘地是印度独立运动的领袖，以他的真诚和非暴力抵抗而闻名。他赢得了印度人民和世界人民的信任，他的言行一致、坚守原则的态度使他成为一个值得信赖的人。

生活中，每个人都想成为值得信任的人。信任的建立说起来容易，做起来难。信任的建立需要有较好的品格和较强的专业能力。然而，信任一旦崩塌，就很难再建立起来。因此，值得信任的人应该是指靠谱的人，也是值得一生信任的人。最简单判断一个人是否值得信任的方法是看他是否诚实守信，是否能做到"说到，做到"。例如，你曾经答应过别人的事，是否之后能兑现承诺。生活中，有不少人，说过的话从来不兑现，久而久之，别人就不再相信他的话。每次当他有什么提议时，大家也就是一听，或一笑罢了。说到做到的人，有的时候实现起来有难度，然而，在他心里一定是事，且早晚会兑现。

7.7.3 对社会有贡献

一个人的价值，应该看他贡献什么，而不应当看他取得什么。成为对社会有贡献的人是一项可持续的努力和责任。

成为对社会有贡献的人往往会做到以下6点：

有明确的价值观和使命。思考并明确自己的价值观和对社会的使命。了解自己的核心价值和对社会的贡献方式，这将成为你行动的指导原则。一个人的价值不仅在于他取得了什么，更在于他为了什么而奋斗。明确的使命是生活的动力和方向，能够激发人们的激情和奉献。拥有明确的价值观是人们行为的基石，决定了人们为何而活。明确的使命能够给人们的生活带来深度和意义。价值观是人们行为的指南针，决定了人们如何做人和做事。一个人的使命是他在这个世界上的目标和意义，给予他力量和动力。

关注社会问题。关注社会问题和挑战，了解社会中存在的不平等、贫困、环境问题等。通过阅读、研究和参与相关组织和活动，增强对社会问题的认识。一个人应该努力成为社会的改变者，而不是只是被社会改变。没有什么比改变世界更有力的了，即使不是领袖也能改变世界。人们不能只关注自己的幸福，也要关注他人的福祉和社会的公正。不公正的地方就是人们应该站立的地方。当我们关注社会问题时，人们必须让正义和道德的声音超过贪婪和自私的声音，积极参与解决社会问题，促进社会的进步和公平。

以身作则。树立良好的榜样，通过自己的行为和言行来影响他人。积极践行你所信仰的价值观，遵守道德规范，建立起信任和尊重。要成为改变世界的人，首先要从自己开始改变。领袖不是通过指责和指导，而是通过他们的行为和努力来激励他人。你可以成为周围人的榜样，无论你的身份地位如何。一个好的榜样能够胜过千言万语，影响力不是通过强迫别人，而是通过你自己的行为来塑造，以自己的行动和言行影响和启发他人，成为一个积极的榜样。

分享知识和经验。积极分享自己的知识、技能和经验，帮助他人成长和发展。可以通过教育、培训、讲座、写作等方式，传授自己的专业知识和经验。知识和经验的分享不仅使别人受益，也能够丰富自己的智慧和成长。知识并不是为了囤积，而是为了分享，通过分享我们的知识和经验，我们可以为他人带来价值和帮助。知识的分享是一种无私的财富，无论是通过言传还是行传，分享知识是一种无声的善行，它能够改变他人的生活。

支持他人的成长。鼓励他人发展和实现自己的潜力。给予他人支持和鼓励，帮助他们克服困难，达到自己的目标。成功的人并非踩在他人身上，而是帮助他人提升到更高的层次。教育的目标不仅仅是灌输知识，更是点燃他人内心的激情和渴望。成为一个引导者意味着指引和激励他人，而不仅仅是下达命令，其责任不仅是认识到他人的潜力，更是帮助他们实现这些潜力。真正的领导者是那些帮助他人成为更好版本的人，支持和帮助他人的成长，共同实现更大的成功。

持续学习和反思。不断学习和反思自己的行动和影响。保持谦虚和开放的心态，不断寻求成长和改进。学习作为一种持续的过程，是个人成长和成功的基石。学习不仅仅是为了适应改变，而是为了主动创造改变。最大的敌人是满足于昨天的成功，持续学习是取得成功的关键。学习是一辈子的事情，要保持谦逊和渴望学习的心态。坚持不懈地追求知识和经验，并不断反思和提高自己。通过持续学习和反思，我们能够扩展自己的视野、增强技能，并不断提升自己的素质和能力。

一个追求自我完善且有境界的人往往对社会做出重大贡献，并被永久载入史册。

默克尔是德国的前总理，曾担任德国总理长达16年之久（2005年至2021年），是世界上最有影响力的女性之一。她以卓越的领导才能和自我完善而广受赞誉。她通过不断学习和适应变化，提升了自己的领导力和政策决策能力，在国内和国际事务中展现出卓越的能力和智慧。她在欧洲统一与稳定、科学与创新、移民与难民政策等方面做出了巨大贡献。

钱学森是中国著名的航天科学家和工程师。他一直以来注重自我完善和学习，在航天领域取得了多项突破性的成就，他主导了中国的弹道导弹和航天火箭项目，带领团队开展了一系列重要的研究和发射任务，成为了中国航天事业的杰出代表。他的工作奠定了中国现代航天科技的基础，为中国成为航天大国做出了重要贡献。

每个人都可以结合自身实际选择为社会做出贡献的方法。

7.8 结语： 自我完善的最高境界是 成为自己想要成为的样子

人人都有自我完善的渴望。

自我完善是一个过程，是一个通过自己较长时间不断努力和自我反省和不断实践让自己不断变好的过程。

自我完善的最高境界就是成为自己想要成为的样子。正如罗伯特·冯·穆勒所说，"人生最幸福的时刻，是当你发现自己可以成为自己想成为的人"。

每个人的自我完善之路是独特的，因此，每个人需要根据自己的情况和目标，制定适合自己的计划和方法，不断向着自己想要成为自己的样子努力迈进。

20 多年来，笔者一直在自我完善的道路上不断前行，感受着自我完善带给我的魅力和变化。笔者想成为一个自我完善的人，尤其希望自己能为社会做出一些贡献，留下一些传承。就像这本书，笔者希望把自己所经历的、看到的、感受到的、思考过的、实践过的事情以及结果分享给大家。

自我完善是一个永恒的过程，而不是一个终点。

自我完善永无止境。

参 考 文 献

［1］黎雅．思考+：6种力量成就更好的自己［M］．北京：人民邮电出版社，2022.

［2］黎雅．66348，女儿成长密码［M］．北京：人民邮电出版社，2012.

［3］亚伯拉罕·马斯洛．动机与人格［M］．颜雅琴，译．北京：台海出版社，2021.

［4］周岭．认知觉醒：开启自我改变的原动力［M］．北京：人民邮电出版社，2020.

［5］黎雅．人到中年，依然如华：中年幸福指南［M］．北京：人民邮电出版社，2018.

［6］那国毅．百年德鲁克（第2版）［M］．北京：机械工业出版社，2021.

［7］史蒂芬·柯维．高效能人士的七个习惯［M］．高新勇，王亦兵，葛雪蕾，译．北京：中国青年出版社，2015.

［8］爱德华·德·诺．六顶思考帽：如何简单而高效的思考［M］．马睿，译．北京：中信出版社，2016.

［9］瑞·达利欧．原则：应对变化中的世界秩序［M］．崔苹苹，

刘波，译．北京：中信出版社，2022.

[10] 易发久．领袖的风采 [M]．北京：电子工业出版社，2009.

[11] 廖智．廖智：感恩生命的美意 [M]．香港：香港中和出版有限公司，2016.

[12] 威尔·鲍恩．不抱怨的世界 [M]．陈静旻，李磊，译．湖南：湖南文艺出版社，2014.

[13] 洞见君．洞见不一样的自己 [M]．北京：人民邮电出版社，2022.

[14] 黎雅．职场感悟：写给初入职场的人们 [M]．北京：人民邮电出版社，2014.

后　记

关于自我管理，作家杰克森·布朗曾经有一个非常有趣的比喻，他说，"缺少了自我管理的才华，就好像穿上溜冰鞋的八爪鱼，眼看动作不断，可是却搞不清楚到底是往前、往后，还是原地打转。"

笔者出版此书的目的在于通过阐述自我管理的具体内涵、有效方法以及实际案例等，给那些像自我管理却还没有真正开始自我管理的人一些帮助，希望他们能尽早具有自我管理的才华，成为自己想成为的样子。

本书在每一章节开始都给出了自测题，旨在帮助你了解自己在自我管理的 7 个方面所处的水平。七章一共有 47 道自测题。如果你应答"是"的总条数不足 28 条，说明你是一个自我管理还有待加强的人；如果你应答的总条数为 29~35 条，说明你是一个有自我管理意识的人；如果你应答的总条数为 36~41 条，说明你是一个自我管理比较好的人；如果你应答的总条数为 42 条以上，说明你是一个自我管理非常好的人。

作为一个管理学博士，笔者一直在管理的思考与实践道路上前行。笔者不但致力于用亲身的实践去感受管理之美，同时还会感受自我管理给笔者带来的成长与美好。

希望每个人都能成为较好的自我管理者。

现如今，每个企业都在追求高质量发展。笔者认为，高质量发展需要高质量人才，高质量人才应该是会思考、高效能、懂得自我管理的人才。

建议大家在阅读这本书的同时，也能阅读我的《高效能管理思考与实践：108 字箴言》和《思考+：6 种力量成就更好的自己》，因为这三本书已经构成了我的思考与实践系列的金三角：思考+高效能管理+自我管理。

只有管理好自己，才能拥有想要的人生。

本书能与大家见面，笔者要感谢那些给予笔者鼓励的朋友们！是你们一直激励着我写出更多有价值的东西，这才让最终有了这本书。笔者还要特别感谢女儿和好友给我提供的真实案例，让本书更具可读性、可操性，并更贴近实际。

还要特别感谢一下 WB、CDY 和本书的出版团队，让本书有机会以这么好的方式呈现给大家。

愿你通过自我管理，成为自己想要成为的样子！

感恩一路有你！

2024 年 4 月